大千世界

403個
中國文化 面面觀

益智館 36

大千世界：403 個中國文化面面觀

編著　于震

責任編輯　賴美君

封面設計　林鈺恆

美術編輯　王國卿

出版者　培育文化事業有限公司

信箱　yungjiuh@ms45.hinet.net

地址　新北市汐止區大同路 3 段 194 號 9 樓之 1

電話　（02）8647-3663

傳真　（02）8674-3660

劃撥帳號　18669219

CVS 代理　美璟文化有限公司

TEL／(02)27239968

FAX／(02)27239668

總經銷：永續圖書有限公司

永續圖書線上購物網
www.foreverbooks.com.tw

法律顧問　方圓法律事務所　涂成樞律師

出版日期　2019 年 11 月

國家圖書館出版品預行編目資料

大千世界：403 個中國文化面面觀／于震編著.

--初版. --新北市：培育文化, 民 108.11

面；公分. --（益智館系列：36）

ISBN　978-986-98057-4-2 (平裝)

1. 文化史　　2.中國

630　　　　　　　　　　108015436

前言

　　這是一本可以拓展學生視野，寬廣知識的圖書。此系列分中國與世界兩部分。本書集中國從古自今知識性、趣味性、科學性的知識與常識於一體，精心選取403個適宜各個年紀的學生閱讀的文化常識，內容涉及語言、文字、天文、教育、經濟、藝術等多個方面。閱讀此書，不僅能輕鬆獲取豐富的知識，還能啟迪智慧，激發創造力。在這裡，未知的世界不再神祕。求知的腳步無須停留。

　　僅以中國數千年來的傳統文化來說，我們就可以用「源遠流長、博大精深」來形容，那麼如果再把世界諸多國家的文化知識加在一起，其廣博之程度，窮其一生，也讓人望洋興歎。

　　海量的知識，有限的生命，時常讓人覺得有學海無涯之苦。我們特別編寫《大千世界：403個中國文化面面觀》一書，將中國由古至今的知識精粹熔於一爐，希望為讀者獲取各類知識提供一個便捷途徑。書中內容都是常識性的文化知識。細讀本書，可以增加你的知識儲備，提升你的文化修養。

大千世界 403個 中國文化面面觀 CONTENTS

② 美術、工藝常識

❸ 音樂、舞蹈常識

❹ 戲劇、曲藝常識

❼ 體育常識

⑧ 政治常識

⑨ 軍事常識

⑩ 經濟常識

⑪ 飲食常識

⑫ 交通常識

⑬ 稱謂常識

14 禮俗常識

⑮ 節日常識

16 天文、曆法常識

17 科技常識

18 醫學常識

19 名人名著常識

20 生物常識

1. 語言、文字常識

語言

　　語言是思維工具和交際工具。它同思維有密切的聯繫，是思維的載體和物質外殼和表現形式。語言是符號系統，是以語音為物質外殼，以語義為意義內容的，音義結合的詞彙建築材料和語法組織規律的體系。語言是一種社會現象，是人類最重要的交際工具，是進行思維和傳遞信息的工具，是人類保存認識成果的載體。

語言的產生

　　1.語言的產生是指人們通過語言器官或手的活動把所要表達的思想說出或寫出來，他包括說話和書寫兩種形式。語言產生的單位主要有：音素、音節、語素、詞、短語、句子。

　　2.語言為什麼採用聲音作為手段？

　　聲音不受白天黑夜的限制，優於視覺；語言傳播的

有效距離大於手勢；語言採用聲音作為手段，可以一邊說話，一邊勞動；手語，手勢的速度趕不上聲音；所以，聲音作為語言的傳播手段是人類進化的必然。

文字的發明

對於文字的發明，古人更加認為是一件了不起的大事。《淮南子》裡說：「昔者倉頡作書而天雨粟，鬼夜哭。」最能表示文字的神力的是符咒，這是跟口語裡的咒語相當的東西。一般的文字也都沾上迷信的色彩，有字的紙不能亂扔，要放在有「敬惜字紙」標籤的容器裡，聚集起來燒掉。文字裡當然也有避諱，嘴裡不能說的名字，紙上也不能寫；必須要寫就得借用同音字，或者缺一筆。

形意文字

又稱表意文字，是一種圖形符號，只代表語素，而不代表音節的文字系統。表意文字是文字萌芽時期的產物，是相當原始的，並不能用於記錄語言，可以分為四個層次——刻符、巖畫、文字畫和圖畫字。

意音文字

　　是一種圖形符號既代表語素又代表音節的文字系統。

　　意音文字代表人類文字史走出原始時期，進入古典時期。發展成熟而又代表高度文化的意音文字很少，只有西亞的丁頭字、北非的聖書字和東亞的漢字。丁頭字和聖書字早已廢止使用，漢字是當今世界上唯一仍被廣泛採用的意音文字。

七大方言區

　　北方方言：它是漢民族共同語的基礎方言，以北京話為代表，使用人口占漢族總人口的70%，北方方言又分為華北、東北方言，西北、西南和江淮方言等四個次方言。

　　吳方言：分布在上海、江蘇東南部，鎮江以東和浙江大部分地區，以蘇州話、上海話為代表。

　　湘方言：分布在湖南省大部分地區，以長沙話為代表。

贛方言：分布在江西省大部分地區，以南昌話為代表。

客家方言：主要分布在廣東東部和北部，福建西部，江西東南部和廣西南部，以廣東省梅縣話為代表。

粵方言：主要分布在廣東省珠三角地區、中部、西南部、北部，廣西的東部、南部，以及港澳地區，以廣州話為代表。

閩方言：跨越四省，包括福建省大部分地區，廣東省東部和浙江省南部部分地區以及台灣大部分漢人居住區。

甲骨文

甲骨文是商殷時代的文字。因這種文字刻寫在龜甲或獸骨上，所以叫做甲骨文。

1898年，河南安陽縣西北小屯村的農民在翻地時發現一些甲骨，把它當作藥材賣給了藥店。藥店則把它作為「龍骨」配方治病。同年，有個叫王懿榮的學者從買來的中藥裡發現「龍骨」上面有字，認出是古物，於是，他把刻有文字的甲骨全部買了下來。後來，又在小屯村有組織地發掘了10多次，出土了大量甲骨。這是中

國研究殷墟甲骨文的開始，王懿榮還第一個將其時代定為商代。

王懿榮死後，他所收藏的甲骨片傳給劉鐵雲（即劉鶚）。劉鐵雲進一步收集、整理，從而出版了中國第一部甲骨文著作《鐵雲藏龜》。

滿文何時有的

中國滿族的文字，在清代稱作「清文」或者「國書」。滿族原是金代女真族的後裔，女真族原有女真文。1234年金朝滅亡後，女真文仍在中國東北地區使用，直至明英宗正統年間（1436～1449）失傳，改用蒙古文。明神宗萬曆二十七年（1599），努爾哈赤命額爾德尼、噶蓋二人在蒙文字母基礎上創製滿文頒行，這就是「無圈點的老滿文」。

皇太極於天聰六年（1632）命達海改進這種文字，主要改變了字母寫法，在字母旁邊加圈加點以區別同形字的讀音以及另造譯寫漢字音的字母。改進後的滿文稱「有圈點的滿文」，共有40個字母，每個字母代表一個音位，同一字母在詞首、詞中、詞尾時，寫法各不相同。

滿文的基本筆畫有：字頭（uju）、字牙（a）、字

圈（fuka）、字點（tongai）、字撇（aka）、字尾（un-cehen）等。字母沒有大寫和小寫的區別。自左而右上下直書。有滿文篆字32種，以及花體字（多用於楹聯）。

速記

速記，是人們用特別簡單的記音符號和詞語縮寫符號迅速記錄語言的一項技能，已有2000多年的歷史。在國外，古希臘的羅馬時代發明了草書速記。到17世紀時，出現了拼音系統的速記。中國速記的產生和發展，可以從書法中的草書快速寫法算起，《說文解字》中稱「漢興有草書」，這就說明2000多年前，中國就已有漢字的草書速記了。

漢字知多少

漢字歷史悠久，在漫長的歲月中，它的數量隨著社會的發展在不斷地增加。

商：甲骨文3500～4500字。

漢：楊雄《訓編纂》收錄5340字。

漢：許慎《說文解字》收錄9353字。

魏：李登《聲類》收錄11520字。

魏：張輯《廣雅》收錄18151字。

梁：顧野王《玉篇》收錄22726字。

宋：陳彭年等《廣韻》收錄26194字。

宋：張麟文《韻海鏡源》收錄26911字。

宋：司馬光等人《類篇》收錄31319字。

明：梅膺祚《字彙》收錄33179字。

明：張自烈《正字通》收錄33440字。

清：張玉書等《康熙字典》收錄47035字。

當代《漢語大字典》選收60000字。

漢字演變

漢字經過了6000多年的變化，其演變過程是：

甲骨文——金文——大篆——小篆——隸書——楷書——行書——細明體。

甲骨文是目前中國發現的最早的比較成熟的文字，起源於商朝。

金文是商周時代鑄刻在青銅器上的銘文西周晚期，金文形體趨向線條化，筆畫比較整齊、勻稱，這種字體叫大篆。

秦統一後，統一文字。對漢字進行整理和簡化，制定標準寫法，這種新字體叫小篆。

從篆書到隸書，是一次更大的變化，從此，漢字的象形意味大部分喪失了。漢朝後期，隸書又演變為楷書。楷書字形更加方正平直，書寫更為簡便。

與楷書並行的還有草書和行書。草書特徵是筆畫連帶、結體簡約、氣勢連貫、字形奔放。行書是介於楷書和草書之間的字體，比楷書簡便，且比草書易辨認。

細明體起於宋代，興起於印刷業的雕版匠之手。

細明體字

細明體字橫平、豎直、撇如葉、捺如刀，歷來為書法家所推崇。因此印刷業剛開始，就被出版商選擇為印刷的標準字體。

細明體字的創始人是宋人秦檜。提起秦檜，人們自然想到一個奴顏婢膝、殘害忠良的奸臣。至於他的字，人們由於厭惡他的人品德性，就改稱為細明體字。

漢字橫寫

早期，漢字是刻在竹簡上的，後來改用毛筆。為了書寫和閱讀方便，中國漢字一直是自上而下、由右向左的豎寫方式，一直延續了幾千年的歷史。

中國新文化運動的先驅者、《新青年》雜誌編輯錢玄同最早提出了漢字豎寫改橫寫的建議。

1917年第3卷第3期的《新青年》上刊載了錢玄同致陳獨秀的公開信，第一次提出了漢字「豎改橫」的見解。

錢玄同說：「人目系左右相並，而非上下相重。試立室中，橫視左右，甚為省力，若縱視上下，則一仰一俯，頗為費力。以此例彼，知看橫行較易於豎行。且右手寫字，必自左至右，均無論漢字、西文，一筆一勢，罕有自右至左者。然則漢寫右行，其法實拙。若從西方寫法，自左到右橫迤而出，則無一不便。」

後來，錢玄同又在《新青年》連續發表4篇公開信，積極倡導「豎改橫」的主張。陳獨秀、陳望道等學者也表示贊同。從那以後，橫寫漢字便逐漸在民間流行開來，並一直延續至今。

潤筆

「潤筆」的意思就是稿酬。古代文人恥於直白地談錢，經常曲折地撰文弄字。

「潤筆」的典故起源於隋朝。有一次，隋文帝叫手下一個官員起草詔書，另一位官員從旁戲說：「筆乾了。」一位叫鄭譯的官員乘機說道：「不得一錢，何以潤筆。」（典出《隋書》）

從此，文人把為別人作詩文書畫所得的報酬，都叫做「潤筆」。有些文人，還在各種文體上訂明各種報酬的數目，名叫「潤例」。近代報紙刊行之後，作者向報社投稿，所得到的報酬，才開始叫做稿酬或者稿費。

簡、冊、函、封

在造紙術發明以前，人們用竹簡、木簡記載文字、編寫書籍。凡用竹片書寫的叫「簡」，用木片書寫的叫「牘」，把許多簡牘用皮條或繩子編在一起，便成為「冊」，古代的一冊，實際是一捆。

中國漢代用「牘」寫信，其長度是漢尺一尺，故曰「尺牘」。寫好以後，在「牘」上再加一塊，當作信

封，然後用繩子捆好，因此便把這塊封緘叫做「檢」。在「檢」上簽字叫「署」。「檢」中間有一塊微凹的空間叫「函」。所以我們現在把「信件」叫「函件」。

在「函」上的繩子打結的地方用泥土封上，加蓋上印章，以防人拆動，這種做法叫「封」，也叫「封泥」。

印刷術

印刷術是中國古代四大發明之一。它開始於隋朝的雕版印刷，經宋仁宗時的畢昇發展、完善，產生了活字印刷，並由蒙古人傳至了歐洲，所以後人稱畢昇為印刷術的始祖。

印刷術發明之前，文化的傳播主要靠手抄的書籍。印章和石刻給印刷術提供了直接的經驗性的啟示，用紙在石碑上墨拓的方法，直接為雕版印刷指明了方向。

中國的印刷術經過雕版印刷和活字印刷兩個階段的發展，給人類的發展獻上了一份厚禮。印刷術的特點是方便靈活，省時省力，是古代印刷術的重大突破。

部法之首

部法之首由東漢許慎首創。他在《說文解字》中把形旁相同的字歸在一起，稱為部，每部把共同所從的形旁字列在開頭，這個字就稱為部首。如木、杜、李等字都屬木部，木就是部首。自許慎創立以形旁編排文字的方法以後，這種方法千百年來一直為編纂字書的人所採用，只是分部的多寡有所不同。如《說文解字》分為540部，《康熙字典》分為214部，《新華字典》分為189部。

字典

相傳，西元前8世紀周宣王太史史籀，用四言韻句編寫了一部教兒童識字的啟蒙讀本，叫做《史籀篇》。這就是中國最早的字書，可以說是字典的雛形。

中國最早的字典要算《說文解字》，它是由東漢許慎編撰的，全書共15篇，共收字10516個。

西元1710年，清朝康熙皇帝令文華殿大學仕兼戶部尚書張玉書為首負責編纂一部大型字書。這部書一共經過6年才編撰成功。全書42卷，共收字47035個。康熙皇帝認為這部書「善美兼具，可奉為典常」，並取名曰「字典」，即《康熙字典》。

獨佔鰲頭

因為在殿試中，選出狀元、榜眼、探花三甲後，就宣旨唱名，謂之臚傳。臚傳畢，贊禮官引東班狀元、西班榜眼二人，向前行至殿中之陛下（天子座前的階梯）迎接殿試榜，到達陛前則狀元稍前進，站在中陛石上，這中陛石上雕刻著一條龍和一隻大鰲，即古時所謂螭頭或螭首。

由於狀元一人獨佔殿中的大鰲，所以就說他獨佔（或作「站」）鰲頭，後來就借喻為考試得到第一的意思。

五花八門

「五花八門」比喻事物種類繁多，變化莫測，令人眼花繚亂。

「五花」為：金菊花──賣茶的女人；木棉花──街上為人治病的郎中；水仙花──酒樓上的歌女；火辣花──玩雜耍的；土牛花──某些挑夫。

「八門」為：一門巾──算命占卦；二門皮──賣草藥的；三門彩──變戲法的；四門卦──江湖賣藝

的；五門平——說書評彈者；六門圍——街頭賣唱的；
七門調——搭篷紮紙的；八門聊——高台唱戲的。

十惡不赦

十惡不赦，就是惡貫滿盈了，常用來形容罪大惡
極、不可寬恕的人。

實際上，「十惡」真有律法規定的十條大罪，始見
於1300年前的北齊法律。隋、唐把這十條大罪的內容略
加增刪，正式定名為「十惡」寫在法律的最前面，以示
嚴重。以後經歷宋、元、明、清各代，都規定犯了「十
惡」罪不能赦免。

三教九流

「三教」的說法起自三國時代，指的是儒、釋、道
三種教派。

「九流」的說法，最早見於《漢書 藝文志》，指
的是春秋戰國時代的儒、墨、道、法、雜、農、陰陽、
縱橫等學術流派。後來，人們把宗教、學術中的各種流
派統稱之為「三教九流」。隨著時間的推移，人們又把
它作為貶義詞，泛指那些在江湖上從事各種行當的人。

幽默

　　「幽默」是個舶來品，在日常生活中廣泛流行於群眾言談之中。這個詞的廣泛應用是在「五四」運動之後，「幽默」一詞是北京大學教授林語堂首先使用的，他將英語「humour」音譯為「幽默」。

　　「幽默」一詞未流行之前，還有過激烈的爭論。文字音韻學家錢玄同，曾把它譯成「酉末」，還有人主張譯為「幽妙」或「語妙」等等。而林語堂則認為，「幽默」既是音譯，又包含「作語隱謔，令人靜中尋味」之意。因而，林氏譯法得到認可，並被廣泛採用。

塗鴉

　　「塗鴉」一詞出自一個典故。話說唐代詩人盧仝有一子名「添丁」，幼年時喜歡塗抹詩書，常把書弄得一團糟。為此盧仝戲賦詩曰：「忽來案上翻墨汁，塗抹詩書如老鴉。」（《玉川子集示添丁》）將兒童頑皮天真的神態活靈活現地表達出來。後來，人們就用「塗鴉」一詞稱隨意寫作或繪畫，也用來比喻書法幼稚，但多用于謙辭。例如，清人徐枋（與楊明遠書）云：「外一扇乃幼兒塗鴉，亦以申義。」

溜須

據傳，宋真宗時，靠獻媚取寵爬上宰相之位的丁渭，有一次，與老宰相寇准在一起吃飯。丁渭看到寇准的鬍鬚上黏了一些飯粒，便親自上前為寇准溜須拂拭，並對其鬍鬚加以盛讚，原以為這樣會博得寇准的歡心。殊不知為官清廉、剛直不阿的老宰相深知此人心術不正，忍不住哈哈大笑道：「難道天下還有溜須的宰相嗎？」現在人們往往以「溜須」一詞來形容那些獻媚取寵的行為。

應聲蟲的由來

「應聲蟲」源於一典故，此典故出自唐朝《隋唐嘉話》。

有人不想還錢，一見債主便叫起來：

「咩……」（沒──）「噢！沒有錢！」債主一聽，只得悻悻而去。人們把他們這種行為稱作「應聲蟲」病、「裝胡羊」。從此，「應聲蟲」這個稱謂也就流傳開來了，也被賦予了一個不好的名聲。

荒誕

　　據中國西漢東方朔所著的《神異經》記載，「誕」是一種小獸的名字。這種小獸也稱「訛獸」，生活在西南的邊遠地區。它的身形就像兔子，卻長著一張人的面孔，而且居然能像人一樣說話。但它所說的話都是些不實之詞，它說往東就是往西；它說是好的，卻可能是壞的。

　　「荒誕」一詞就是從這個神話故事中演化而來。由於「誕」這種動物喜歡撒謊，後來人們就用「荒誕」表示「弄虛作假」、「不合常理」。

閉門羹

　　閉門羹一語始見於唐代馮贄《雲仙雜記》所引《常新錄》的一段話：「史鳳，宣城妓也。待客以等差……下列不相見，以閉門羹待之。」這名姓史的高級妓女不願接待下等客時，就飼之以羹，以表婉拒。客人見羹即心領神會而自動告退了。

　　所謂羹，最初時系指肉類，後來以蔬菜為羹，再後對凡熬煮成有濃汁的食品皆以羹稱之，如雪耳羹、水蛇羹、燕窩羹等。以羹待客，比直言相拒，要婉轉，客氣一些。可惜現代拒客，則只有「閉門」而沒有羹了。

2. 美術、工藝常識

中國畫

中國畫，起源古，象形字，奠基礎；文與畫，在當初，無歧義，本一途。中國夙有書畫同源之說，有人認為伏羲畫卦、倉頡造字，是為書畫之先河。文字與畫圖初無歧義之分。在新石器時代重要遺址西安半坡村出土的彩陶上，畫有互相追逐的魚，跳躍的鹿。甘肅永靖出土的一件摹擬船形的陶壺，使我們如身處岸邊，情景歷歷；還有青海大通上孫家寨發現的舞蹈彩盆上，繪有三組五人攜手踏歌圖，表現出青春的活力。它是研究中國畫史的根源。

畫分十門

中國畫名詞。中國畫的分門，唐代張彥遠《歷代名畫記》分六門，即人物、屋宇、山水、鞍馬、鬼神、花鳥等。北宋《宣和畫譜》分十門，即道釋門、人物門、

宮室門、番族門、龍魚門、山水門、畜獸門、花鳥門、墨竹門、蔬菜門等。南宋鄧椿《畫繼》分八類（門），即仙佛鬼神、人物傳寫、山水林石、花竹翎毛、畜獸蟲魚、屋木舟車、蔬果藥草、小景雜畫等。參見「十三科」。

十三科

中國畫術語。中國畫的分科，元代湯垕《畫鑑》說：「世俗立畫家十三科，山水打頭，界畫打底。」明代陶宗儀《輟耕錄》所載「畫家十三科」是：「佛菩薩相、玉帝君王道相、金剛鬼神羅漢聖僧、風雲龍虎、宿世人物、全境山林、花竹翎毛、野騾走獸、人間動用、界畫樓台、一切傍生、耕種機織、雕青嵌綠。」

中國歷史上著名的畫聖

畫聖是唐代畫家吳道子的譽稱。吳道子的出現，是中國人物畫史上的光輝一頁。「詩聖」杜甫稱他為「畫聖」。在歷代從事油漆彩繪與塑作專業的工匠行會中均奉吳道子為祖師。由此可見，他在中國繪畫史上的地位。

　　他曾在長安、洛陽寺觀中作佛教壁畫四百餘堵，情
狀各不相同；落筆或自臂起，或從足先，都能不失尺
度。寫佛像圓光，屋宇柱梁或彎弓挺刃，不用圓規矩
尺，一筆揮就。他用狀如蘭葉，或狀如蓴菜的筆法來表
現衣褶，有飄動之勢，人稱「吳帶當風」。他在長安興
善寺當眾表演畫畫，長安市民，扶者攜幼，蜂擁圍觀，
當看到吳氏「立筆揮掃，勢若旋風」，一揮而就時，無
不驚歎，發出喧呼。

江南第一風流才子

　　唐寅（1470年～1523年）字伯虎，號桃花庵主，晚
年信佛，有六如居士等別號。江蘇蘇州人。舉鄉試第一
（解元）。後因科場舞弊案受牽連，功名受挫，又遭家
難，經歷坎坷。後半生在蘇州城西北桃花塢建一「桃花
庵」，以賣文鬻畫聞名天下。時與徐禎卿，祝允明，文
徵明，切磋文藝，號「吳中四才子」。

　　唐寅「任逸不羈，頗嗜聲色」，自署印「江南第一
風流才子。」他博學多才，吟詩作曲，能書善畫，是中
國繪畫史上傑出的大畫家，擅人物、山水、花鳥。唐寅
書法為畫名所掩，主要學趙孟頫，更受李北海影響，筆

畫俊逸挺秀，婉轉流暢，筆力稍弱，鉤挑綿軟，看不出
一絲狂態。王世貞評曰：「伯虎入吳興堂廡，差薄弱
耳。」

元四家

　　元代山水畫的四位代表畫家的合稱。主要有二說：
一是指趙孟頫、吳鎮、黃公望、王蒙四人，見明代王世
貞《藝苑卮言・附錄》。二是指黃公望、王蒙、倪瓚、
吳鎮四人，見明代董其昌《容台別集・畫旨》。畫風雖
各有特點，但主要都從五代董源、北宋巨然的基礎上發
展而來，重筆墨，尚意趣，並結合書法詩文，是元代山
水畫的主流，對明清兩代影響很大。

新安畫派

　　新安畫派，明末清初之際，在徽州區域的畫家群和
當時寓居外地的主要徽籍畫家，他們善用筆墨，貌寫家
山，借景抒情，表達自己心靈的逸氣，畫論上提倡畫家
的人品和氣節因素，繪畫風格趨於枯淡幽冷，具有鮮明
的士人逸品格調，在十七世紀的中國畫壇獨放異彩。因

為這群畫家的地緣關係、人生信念與畫風都具有同一性質，所以時人稱他們為「新安畫派」。

揚州八怪

清乾隆間寓居江蘇揚州的八位代表畫家的總稱。一般指汪士慎、黃慎，金農、高翔、李鱔、鄭燮、李方膺、羅聘，見李玉棻《甌缽羅室書畫過目考》。

實際上不止八人，有換汪士慎、高翔、羅聘為高鳳翰、邊壽民、楊法者，或換高翔、李方膺為閔貞、高鳳翰者，也有將陳撰或李葂列入者，見汪鋆《揚州畫苑錄》。

作畫多以花卉為題材，亦畫山水、人物，主要取法於陳道復、徐渭、朱耷（八大山人）、原濟（石濤）等人，能不拘前人陳規，破格創新，抒發真實情感；又都能詩，擅書法或篆刻，講究詩書畫的結合，和當時流行畫壇的尚古模擬之風，有所不同，被時人稱為「偏師」、「怪物」，遂有「八怪」之稱。

畫中十哲

指清代婁東畫派的十位畫家。即董邦達、高翔、高鳳翰、李世倬、張鵬翀、李師中、王延格、陳嘉樂、張士英和柴慎。

壁畫

相傳在周朝時，對人褒賞功德往往用圖畫在壁上描繪。到了漢代，壁畫更為普遍。西漢宣帝時曾畫功臣十一人的圖像於麒麟閣，東漢光武帝時畫二十八將肖像於凌煙閣。這些都是描繪在宮殿建築上面的。漢代以後，由於佛教盛行，廟宇林立，壁畫便同宗教結合在一起了。魏晉六朝隋唐各代，是中國的壁畫發展的鼎盛時期，產生了像敦煌莫高窟這樣舉世聞名的傑作。

鐵畫

鐵畫是用鐵片和鐵器製成的各種裝飾畫。相傳清朝康熙年間，有一個叫湯天池的小孩隨母親逃荒來到安徽

蕪湖，靠乞討度日。湯天池12歲時，到一家鐵匠鋪當學徒工。但是還沒有學習到多少手藝，就被老闆辭退了。為了養活年邁的母親，他就在寺邊搭個草棚，做點打鐵生意。

寺裡住著一個寫字繪畫的老先生，整天在寺裡潑墨作畫。一天，湯天池心生一念，對老先生說：「先生，我想畫畫，行嗎？」老先生對天池打量了一番，把筆往桌上一放，冷冷地說：「你學畫畫，真是癩蛤蟆想吃天鵝肉！」

湯天池非常氣憤，他回到家裡，立刻生火，決心要用鐵打出字畫來。三年過去了，湯天池終於打成一幅古松圖。

中國畫題款的由來

題款是伴隨著繪畫的發展產生的。在夏商時期的繪畫活動具有很強的功用性。這種功用性的特點發展至漢代，使得中國的早期繪畫成了「成教化、助人倫」、「存乎借鑑」的工具。於是，在繪畫技巧不足以完全表達形象內容的情況下，「題款」便應運而生，其作用就是標明所繪人物的身分，說明繪畫的內容。

題款之所以得以產生，是由於繪畫的政教性。在畫上僅僅署上人名、官職又無法適應繪畫政治功用的需要，所以在題款產生的同時，又出現了「畫贊」。「贊」是文體的一種，以讚美為主。主要用於對繪畫的內容等進行輔助說明。

連環畫

在漢代，出現了單幅故事畫，像孟母教子的故事畫《孟母斷機杼》。這便是連環畫的雛形。到了魏晉南北朝時期，寺廟裡出現了許多佛教故事連環畫。中國早期的連環畫多數是經由石刻才完整地保存下來。

中國第一次把圖畫故事書叫做連環畫，是從1925年開始的。當時上海世界書局出版了一本《西遊記》定名為「連環圖畫」。雖然有人把以後出版的這類書稱為「公仔書」、「牙牙書」、「小人書」，但統一的叫法還是「連環畫」。

年畫

年畫是中國特有的傳統畫種，也是中國人民喜聞樂見的一種藝術形式。據歷史記載，在東漢及六朝時代，就有門畫了。漢應劭說過：「畫虎於門。」到了唐宋，年畫應用更為廣泛。在宋代雕版印刷已產生，除了木版年畫外，採用繪畫手法表現的也很多。到了明清之際，雕版畫藝術有了較大的發展，出現了專門製作年畫的作坊。

「楊柳青」年畫

楊柳青年畫產生於明朝末年，至清雍正、乾隆年間興盛繁榮起來，至今已有300多年的歷史。有一個民間傳說敘述了年畫的來歷。

很久以前，天津衛西南有個村子，村中有一個孤兒叫楊柳青，經常外出討飯。他10多歲的時候，有一次要飯回來，正趕上一場大雨，他趕忙跑到河邊的一座三官廟裡避雨。在廟裡，他看見一個鬚髮皆白的老道，手拿一根茅草在香爐裡畫畫。他看得入了迷，便懇請老道士收他為徒。老道答應他下雨天可以來學畫。

從那以後，一到下雨，楊柳青便來學畫，一學共了3年。後來海河發大水，三官廟被沖塌了，老道也走了。後來，他每天白日做工，晚上畫畫。他的畫越畫越精美，但他的畫從來不賣，畫一年下來，年底便分贈給四鄉的窮人，讓他們過年時貼在牆上。人們稱之為楊柳青年畫。

「繪畫」的幾種顏料

油畫顏料、水彩、水粉、蛋彩、丙烯。

中國歷史上著名的畫家

顧愷之 ——《洛神賦圖》

吳道子 ——《天王送子圖》

韓滉 ——《文苑圖》

顧閎中 ——《韓熙載夜宴圖》

李公麟 ——《維摩詰像》

李唐 ——《采薇圖》

梁楷 ——《李白行吟圖》

王繹 ——《楊竹西小像》

仇英——《列女圖》卷

曾鯨——《侯峒嶒像》

任伯年——《高邕之像》

徐悲鴻——《泰戈爾像》

「書法之祖」

金文被譽為中國「書法之祖」，是鑄刻在殷周青銅器上的銘文，也叫鐘鼎文。

中國在夏代就已進入青銅時代，銅的冶煉和銅器的製造十分發達。因為周以前把銅也叫金，所以銅器上的銘文就叫做「金文」或「吉金文字」；又因為這類銅器以鐘鼎上的字數最多，所以過去又叫做「鐘鼎文」。

中國「書法」書風演變

商周尚象——商周文字「類似象形」，具象性非常明顯。

秦漢尚勢——體勢飛動，含雄放、秀逸、駿發、沉厚、勁健於一體。

晉人尚韻——若不經意，平和自然，細膩含蓄。

唐人尚法——講究用筆、結體的客觀規律。

宋人尚意——注重表現哲理、學識、人品、性情和意趣。

元明尚態——形質妍美，寄沖和安閒之情於形式美中。

著名書法家

蔡邕——東漢書法家，善篆書，創「飛白書」。

張芝——東漢書法家，創「今草」，體勢一筆而成，氣脈通聯，隔行不斷。

王羲之——東晉傑出書法家，草書清雅俊逸，濃纖折中，楷書勢巧形密，行書勁健而多變化。

歐陽詢——唐初書法家，以楷書最工，獨創「歐體」。

虞世南——唐初書法家，正楷與歐陽詢齊名。

張旭——唐代書法家，精通楷法，草書最為知名。

顏真卿——唐代書法家，創「顏體」。

懷素——唐代書法家，以「狂草」出名。

柳公權——唐代書法家，工楷書，創「柳體」。

黃庭堅——北宋書法家，與蘇軾、蔡襄、米芾並稱

為「宋四家」。擅行草書。

祝允明──明代書法家，與唐寅、文徵明、徐禎卿稱「吳中四才子」。

包世臣──清代書法家，著有書法理論名著《藝舟雙楫》。

著名的書法碑帖

《三希寶帖》、《快雪時晴帖》、《中秋帖》、《伯遠帖》、《蘭亭序》、《祭侄文稿》、《黃州寒食帖》、《仲尼夢奠帖》、《自序帖》、《蜀素帖》、《草書千字文》、《前後赤壁賦》、《草書詩帖》

《三希堂法帖》

《三希堂法帖》系清乾隆初年由乾隆帝敕令朝臣編刻的一部大型叢帖。乾隆帝喜好書法，遍習諸家。清康熙後，多次下詔搜討，至乾隆則愈加著意，致令歷代名家墨寶多羅致宮廷。其最為珍貴者，當屬流傳近一千五百年的書聖王羲之《快雪時晴帖》、王獻之《中秋帖》及王珣《伯遠帖》。這幾件稀世珍寶均被乾隆帝藏於故

宮養心殿內，倍極寶愛。

乾隆十二年，大學士梁詩正等受命編次內府所藏書家墨跡，乾隆帝欽命為「三希堂法帖」，其特諭亦刻於《三希堂法帖》卷首。《三希堂法帖》是中國古代規模最大、集歷代書法成就之大成的一部大型書法叢帖，共收自魏晉至明末一百三十五位著名書法家作品，以歷史順序編纂，幾乎囊括當時清廷所能收集到的所有名家名作墨跡珍品。

文房四寶

「文房」的提法，起源於中國歷史上南北朝時期（西元420～589年），專指文人書房而言，以筆、墨、紙、硯為文房所使用，而被人們譽為「文房四寶」。

楹聯

所謂「楹聯」，就是貼在楹柱上的聯句，因為上句和下句相對，比如：上句是「風吹天邊月」，下句就對「雨洗山上松」，所以又叫「對聯」。中國人過春節時喜歡把它貼在門的兩邊，渲染喜慶氣氛，如左邊貼「天

增歲月人增壽」，右邊就貼「春滿乾坤福滿門」，因此又叫「春聯」。

中國各朝代工藝美術

西周、春秋、戰國時期的工藝美術：青銅器、銅鏡、先秦漆畫、玉石工藝、陶器。

漢代工藝美術：青銅器、漆器、漢錦。

南北朝的工藝美術：陵墓雕刻與陶俑、陶瓷工藝、絲織工藝、裝飾紋樣。

隋唐五代的工藝美術：絲織工藝、金屬工藝、陶瓷工藝、唐三彩。

宋元時期的工藝美術：陶瓷工藝、錦綾工藝、漆工藝。

明清時代的工藝美術：陶瓷藝術、絲織、漆工藝、金屬工藝、玉石、象牙、竹木等雕刻。

四大名繡

蘇繡、湘繡、粵繡和蜀繡

風箏

　　據史料記載：風箏在中國已有2000年的歷史。早在春秋戰國時代，就有人用木、竹做風箏。

　　《墨子》記載道：「公輸子削木為鵲，成而飛之，三日不下。」《韓非子　外儲說左上》上也說：「墨子為木鳶三手而成，蜚（飛）一日而敗。」這些文字記載，都看不出用繩子牽引，加之當時還沒有發明紙，因此可以想見，「木鳶」是用木料製作的，用現代語說是靠滑翔的鳥形飛行器。

　　到了漢朝，才出現了用竹製框架、以紙糊之、以繩牽之、放之空中的「紙鳶」。到五代時李鄴在風箏上拴上竹笛，微風吹動，嗡嗡有聲，很像「箏」聲，因而得名「風箏」。

3. 音樂、舞蹈常識

宮、商、角、徵、羽

「宮、商、角、徵、羽」是中國五聲音階中五個不同音的名稱，類似現在簡譜中的1.2.3.5.6。即宮等於1（Do），商等於2（Re），角等於3（Mi），徵等於5（Sol），羽等於6（La）。

最早的「宮商角徵羽」的名稱見於距今2600餘年的春秋時期，在《管子・地員篇》中，有採用數學運算方法獲得「宮、商、角、徵、羽」五個音的科學辦法，這就是中國音樂史上著名的「三分損益法」。

中國古代六大樂器的發明者

據東漢經學家、文學家馬融《長笛賦》中記載了中國古代最早的六大樂器琴、瑟、簧、塤、鍾、磬的最先發明者。「昔皰羲作琴，神農造瑟，女媧製簧，暴辛為

塤，倕之和鐘，叔之離磬。」意思說琴是由伏羲最先發明的，瑟是由神農發明的，簧是由女媧發明的，塤是由暴辛發明的，倕發明了鐘，叔發明了磬。其中庖羲即伏羲，為遠古時代的東夷部落酋長；神農為炎帝，烈山氏、赤帝；女媧為傳說中的女神，又傳說為伏羲的妹妹；暴辛為周平王時的諸侯；倕，為黃帝時人，又一說為堯帝時人；叔，為舜帝時人。

八音

古人認為音樂是聖潔的，可以潔淨人的思想，創作音樂就是要和諧地使用「八音」，所謂「八音」是指八種樂器：金、石、土、木、絲、竹、匏、革。最先提出八音的是西周音樂家伶州鳩。

金

即鐘，八音之一。金屬製的打擊樂器。歷史久遠，陝西長安縣客省莊龍山文化遺址曾出土有陶鐘，是新石器晚期的遺物；商代以來的鍾為銅製，多是大、小三枚組合起來的編鐘，成為依一定音列組成的旋律樂器。春

秋末期至戰國時期的編鐘數目日漸增多，以九枚一組的居多。秦代以後，沿用於歷代宮廷雅樂中的鍾多為呈圓形，每鍾發一音。

石

即磬，八音之一。玉、石等材料製成的打擊樂器。甲骨文中磬字，形同曲尺，懸掛在架上。左半像懸石，右半像用手執捶敲擊。《尚書‧益稷》載：「擊石拊石，百獸率舞」，「石」即指磬。考古發現有約為夏代的東下馮遺址石磬，系打制而成，表明磬可能起源於某種片狀石製勞動工具，最早用於先民的樂舞活動，後來用於歷代上層統治者配合祭祀、宴享等禮義活動的雅樂中，成為象徵其身分地位的「禮器」。

土

即塤，八音之一。用土燒製的吹奏樂器。戰國時期趙國史書《世本》載：「塤，暴辛公所造。」《拾遺記》載：「皰犧灼土為塤。」這類傳說雖不可信，但也說明塤的歷史很久遠。浙江余姚河姆渡遺址發現有一個吹孔的陶塤，距今約七千餘年，是目前最早的實物。

木

即柷敔,八音之一。指木製的打擊樂器。柷,形同木升,上寬下窄,用木棒撞擊其內壁發聲,以示樂曲的起始,古代雅樂開始時擊之;敔,狀如伏虎,背面刻有鋸齒,演奏時用一支一端破成細條的竹筒,逆刮虎背的鋸齒,以示樂曲的終結,古代雅樂結束時擊奏。

絲

即琴瑟,八音之一。用梧桐木等木質材料製成的彈撥樂器。《詩經》中已有琴瑟的記載:「窈窕淑女,琴瑟友之。」古作五弦,周初增為七弦。

古代琴的別稱有「綠綺」、「絲桐」等;琴在先秦時代就已經是常用樂器。在中國古代文化生活中佔有很重要的地位。瑟,多為25弦,也有14弦、23弦的。每根弦下施柱,用以調節有效弦長。瑟的出現年代更早。目前出土的瑟是春秋晚期製品。唐宋以來文獻所載和明清宮廷所用的瑟,與周、漢時期出土實物已有較大差異。古代宴享禮儀活動中,多用瑟伴奏歌唱。

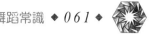

竹

即簫管，八音之一。竹製的吹奏簧管樂器。單管、豎吹。古代簫多為竹製，也有玉製、瓷製的。用於獨奏、琴笛合奏或演奏傳統竹樂曲。如龠（音yue月）、形狀像笛子，短管，有三孔、六孔、七孔之分。簫，最初用一組長短不等的細竹管按音律編排而成，如鳥翼狀，叫「排簫」，後來只用一根竹管製成，豎吹的叫「洞簫」。

匏

即笙竽，八音之一。竹製的吹奏簧管樂器。甲骨文中有「和」字，即是小笙，說明其起源之久遠。目前所知年代最早的實物是曾侯乙墓出土的笙，竹管14根，竹製簧片。笙在春秋戰國和秦、漢之際是重要的吹奏樂器。

南北朝至隋唐時期，有19簧、17簧、13簧數種。唐代改為木製。明清時期，廣泛應用於民間器樂合奏和戲曲、說唱伴奏中。竽，在戰國至漢代廣泛流行，至宋代失傳。

革

即鼓，八音之一。指皮革製成的鼓類打擊樂器。
《詩經・關雎》中記載：「窈窕淑女，鍾革樂之。」
《呂氏春秋・侈樂》載：「為木革之聲若雷，為金石之
聲責若霆。」其中的革、木革，都是形容鼓的音樂效果。

中國十大古典名曲

《高山流水》、《廣陵散琴曲》、《平沙落雁》、
《梅花三弄》、《十面埋伏》、《夕陽鼓》、《漁樵問
答》、《胡笳十八拍》、《漢宮秋月》、《陽春白雪》

短命的清朝國歌

與中國歷史上的其他朝代一樣，清朝本來並無法定
的國旗與國歌。近代以後，隨著清朝與西方國家的交
往，清朝逐漸引入西方國家的一些概念，其中就包括國
旗與國歌。1888年（光緒十四年），清政府認定「黃底
藍龍戲紅珠圖」（即俗稱的「黃龍旗」）為大清國旗。

19世紀後期至20世紀初，清朝曾先後使用《普天樂》、《李中堂樂》、《頌龍旗》作為半官方國歌或代國歌。直到1911年，清政府定《鞏金甌》為正式國歌，不過由於辛亥革命的爆發，《鞏金甌》後來沒有流行開來。

古琴

中國最古老的彈撥樂器，有三千多年的歷史，被譽為「琴棋書畫」四藝之首，在古代是地位最崇高的樂器。古琴充滿著傳奇的象徵色彩：長3尺6寸5分，代表一年有365天；13個徽位，代表一年的12個月及閏月。琴面弧形代表天，琴底為平象徵地，為天「圓地方」。有西方音樂人評價：「這個樂器的構造，是依據中國天與地之間關係的觀念而設計的，使人聯想到傳說中只有天上神仙才能聽得到的音樂。」

琵琶

在中國，琵琶的雛形早在西元前3世紀的秦代就出現了，叫「鼗（音桃）」，它是在鼗（一種有柄的小搖

鼓）上加弦製成的圓形、皮面、長柄的彈撥樂器。到西元前105年左右的漢武帝時，中國人民又參考箏、築和箜篌等樂器，創造了一種圓形、木面、長柄、四弦十二柱、豎持的彈絃樂器，叫琵琶，後人稱之為「秦漢琵琶」或「秦琵琶」。

漢朝，西域樂人紛紛從龜茲（今庫車）、于闐、疏勒等地奔集中原獻藝定居。他們不僅帶來了豐富多彩的西域音樂，還帶來了經由印度傳至波斯的樂器琶——曲項琵琶。

今天我們所見到的琵琶，是在曲項琵琶和秦琵琶的基礎上，經過千百年來的實踐和改進發展而來。

箏

箏，戰國時（西元前481～255年）流行於秦地（今陝西省），故又稱「秦箏」。唐宋時，箏已經發展定型為十三弦了。到了近代，除了以右手三指彈弦外，還發展成雙手均可彈奏的新技巧，弦數又擴充為二十五弦，表現手法更豐富。唐代時，十三弦箏傳入日本，至今，日本的彈箏仍保持1000多年的傳統，弦數十三，採用絲絃。朝鮮的伽耶琴，是漢朝由中國傳入分化發展的。

笙的由來

笙為中國民樂之一。古人發現，把粗細長短不同的竹管綁在一起，吹時會發出高低不同的樂音。這就是原始笙的由來。

在中國春秋以前，笙就出現了。到了西元1618年，德國音樂家米契爾·普內多里奧斯在他的著作中，談到他認為新奇的中國樂器，引起了歐洲音樂家和樂器製造家的極大興趣。他們對「竽」的構造及其發音進行了研究，並不斷加以改進，終於在18世紀末期，在「竽」的基礎上創製了一種簧風琴，成為現在的口琴、風琴和手風琴的雛形。

胡琴

胡琴是中國民族弓絃樂器的總稱。11世紀前，就在民間流行，當時叫做奚琴。奚琴同今日的胡琴外形非常相似，只是奏法不同。胡琴在宋時已比較完善，到了元代，宴會上常用胡琴來伴奏。

近千年來，胡琴在民間廣泛流傳，因而又得到了顯著的發展。從胡琴的母型中又派生出高音樂器京胡、高

音二胡、南胡、椰胡和板胡；中音樂器墜胡、中音二胡、四胡和馬頭琴；低音樂器草胡、大胡和低胡等。在音色上，京胡發音清脆明亮，二胡溫柔優美，板胡則尖銳明朗。

中國鑼的由來

鑼是中國人民喜愛的一種民族打擊樂器，早在1400多年前的北魏時期就有了。從宋代起，鑼便在民間樂隊中廣泛使用。1791年，法國作家戈賽克開始把中國的鑼用於管絃樂隊中。從此，鑼就正式加入交響樂隊，人們譽它為「中國鑼」。

嗩吶

「嗩吶」，原本是軍隊中的樂器。明朝正德年間，就在民間廣泛流行（當時稱為「唆哪」）。當時，無論城市和農村，職業性和半職業性音樂組織中，如北方的「鼓樂班」、「吹鼓會」，蘇南地區的「吉慶堂」、「九福堂」等，都有擅長吹奏嗩吶的人才。

嗩吶頭上的哨子，是發音上很重要的工具。哨子，

有的用蘆葦做的，也有用麥梗的。由於料子性質的軟硬，結合吹奏運氣方法上的不同，在同一種樂器上，卻出現了各個地區各種不同的演奏風格，形成了濃厚的地方色彩。

舞蹈

舞蹈在中國有悠久的歷史。甲骨文的舞字像一個人手拿兩片羽毛在跳舞。《呂氏春秋·古樂篇》說：「昔葛天氏之樂，三人操牛尾，投足以歌八闋。」

唐代是中國音樂舞蹈發展的鼎盛時期。《新唐書》載：唐高宗在宮廷親自排練上元舞，舞者180人，衣畫雲彩，呈五色，以象元氣，祀祠時用之。

唐玄宗時，教坊有王大娘善頂長竿舞，頭頂百尺長竿，竿上置木製海中神山，令小兒持降節出入其間，王大娘在下邊歌邊舞，熔雜技舞蹈於一爐。

詩人劉晏讚道：「樓前百戲競爭新，唯有長竿竿妙入神。誰謂綺羅翻有力，猶自嫌輕更著人。」

 戲劇、曲藝常識

戲劇

戲劇，指以語言、動作、舞蹈、音樂、木偶等形式達到敘事目的的舞台表演藝術的總稱。文學上的戲劇概念是指為戲劇表演所創作的腳本，即劇本。戲劇的表演形式多種多樣，常見的包括話劇、歌劇、舞劇、音樂劇、木偶戲等。

曲藝

曲藝是中華民族各種說唱藝術的統稱，它是由民間口頭文學和歌唱藝術經過長期發展演變形成的一種獨特的藝術形式。

曲藝發展的歷史源遠流長。唐代，講說市人小說和向俗眾宣講佛經故事的俗講的出現，大曲和民間曲調的流行，使說話伎藝、歌唱伎藝興盛起來，自此，曲藝作為一種獨立的藝術形式開始形成。

到了宋代，由於商品經濟的發展，城市繁榮，市民階層壯大，說唱表演有了專門的場所，也有了職業藝人，說話伎藝，鼓子詞、諸宮調、唱賺等演唱形式極其昌盛。明清兩代及至民國初年，伴隨資本主義經濟萌芽，城市數量猛增，大大促進了說唱藝術的發展，我們今天所見到的曲藝品種，大多為清代至民初曲種的流傳。

話劇

　　1907年，一批留學日本的中國學生組織「春柳社」，在東京先後演出《茶花女》、《湯姆叔叔的小屋》等劇。同年，「春柳社」回國在上海演出，是為中國最早的話劇演出。從此，話劇在中國流行開來。

　　這種戲劇採用寫實手法，完全口語化，沒有舞蹈、音樂伴奏、歌唱，這與中國傳統戲劇完全不同，所以，一開始就被稱人們稱為「新劇」，後來又被稱為「真新劇」、「白話劇」、「愛美劇」等。

　　1928年4月，在一次為歐陽子倩舉行的聚會上，田漢提出「新劇」的名稱不合適，洪深當即建議改成「話劇」，以區別於戲曲和歌劇。這個建議受到與會者的贊同，話劇這個名稱從此通行起來。

三大國粹

「三大國粹」是指國畫、京劇和中國醫學。

京劇

清代乾隆以來，昆曲、弋陽腔、秦腔等曾先後進入北京，受到觀眾的熱烈歡迎。1830年，湖北楚調（漢劇）也進入北京，漢劇和徽劇出於同一源流，因而時常合班演出，聲腔上相互結合。

後來，徽班又吸收、溶化昆曲、梆子、京腔的精華，在劇目、音樂、身段、服裝、化妝方面都有所改革，再結合北京當地語言和風俗習慣，便逐漸形成了京劇。當時稱為「皮黃」，又稱「京調」。

1850年前後，京劇在四大徽班的基礎上又有了新的發展，出現了程長庚、余三勝、張二奎等著名演員，時稱「老生三鼎甲」，他們對京劇藝術的形成和發展有突出的貢獻。

從1919年梅蘭芳第一次赴日本演出以來，京劇產生了廣泛的國際性影響。

「生、旦、淨、丑」的由來

「生、旦、淨、丑」的名稱到底是怎麼來的呢？

祝枝山說：「生即男子。」說得簡單，卻合情合理。先生、後生、儒生以及張生、李生等等。

戲劇史家周貽白認為，「旦」字系由「姐」字演變而來。順序是先有「姐」，由「姐」訛為「妲」，再由「妲」簡筆為「旦」。「姐」歷來是對女性的稱謂，而「旦」即「姐」之訛，也即代表女子。

元人柯丹丘認為「淨」即「靚」之訛。他解釋說：「傅粉墨獻笑供謅者，粉白黛綠，古謂之靚裝，今俗訛為淨。」「淨」用臉譜，確是粉白黛綠，符合「靚」的含義。

「丑」是相對於「俊」來說的。「丑角」扮演的人物雖不全是壞人，但大都須在鼻梁上抹一塊白粉，其形象畢竟是醜的。

生行

主要包括老生、小生、武生三個行當。末也歸於生行，它屬於戲中的二、三流人物。

老生又叫須生，因為飾演的人物幾乎都戴鬍子，即髯口。是京劇中的主要行當，在劇中扮演中老年男性角色，唱念用本嗓。

小生扮演青少年男子，不帶鬍子，唱念用大小嗓結合的發聲方法。小生也分文武兩種，扇子生、紗帽生（做官的）、窮生均為文小生。雉尾生（指頭上帶花翎子的）或有武藝的屬於武小生。

武生主要扮演能武善戰的男性角色，分長靠武生（背後有插四面旗子的，也跟人物的地位有關，不僅穿盔甲，且氣派比較大，性格沉穩的大將，也叫大武生。如趙雲、史文龍）和短打武生（穿衣利落，短衫，豪俠，如《三岔口》中的任堂惠；另武松，黃天霸也是）。

旦行

主要包括青衣、花旦、刀馬旦、武旦和老旦。

青衣，又稱正旦。是旦行之首，在戲裡常穿黑褶子，故稱為「青衣」。在劇中主要演中青年女性角色。以唱功為主，唱念用假聲。

花旦主要扮演少女或小姑娘，活潑俏麗，以做功為主，唱為輔。刀馬旦和武旦，都是扮演擅長武藝的女性

角色。刀馬旦偏重工架，往往文武兼備，能舞能唱；而武旦則是以武打為主，還要能「踢出手」。

淨行

「淨」是反其意而取名。一般常稱作大花臉。淨行主要扮演性格粗獷豪爽的男性人物。唱念時聲音寬闊宏大。淨行分銅錘花臉、架子花臉和武花臉。

銅錘花臉因《二進宮》中的徐延昭懷抱銅錘而得名。架子花臉主要是重工架和表演。如魯智深、曹操。武花臉是以武打為主。

丑行

又稱三花臉或小花臉。主要扮演滑稽幽默的角色或反派人物。丑行也分文丑、武丑兩類。其中，方巾丑、袍帶丑、褶子丑、老丑均屬於文丑。彩旦也即丑婆。會武藝術則屬於武丑。武丑又稱「開口跳」，口腔齒伶俐，機智敏捷，常演俠客義士類人物。

評劇

　　評劇最開始叫「奉天落子」、「蹦蹦戲」，誕生於河北省樂亭、豐潤縣一帶。最初是二人對唱，蓮花落等民間小調，發展成為較複雜的大戲。這個劇種從河北省發芽，到了東北三省開花結果。

　　東北的「奉天落子」就是那時候叫起來的。那時的京劇也叫「平劇」，因為當時的北京叫北平，京劇是國戲，所以才能叫「平劇」。而評劇當時是剛進城的小劇種，還沒有完全形成，也叫「平劇」，這就引起京劇班主的嫉妒，開始挑釁。

　　這時，有一位報界的人士出來調解。他出了一個主意，給「平劇」的「平」字邊加了一個「言」字。他說，京劇是國戲，代表北平就叫平劇；評劇是民間小戲，它反映市景狀況，演唱形式簡單、通俗易懂，把「平」字加一個「言」字就成了「評」，這是以評論社會、評書說唱為重的意思。

　　後來人們才知道這位姓李的先生就是李大釗。從那以後，評劇才有了正式的名字。

崑曲

　　發源於江蘇昆山至今已有600多年歷史的崑曲被稱為「百戲之祖，百戲之師」。許多地方劇種都受到過崑曲藝術多方面的哺育和滋養。

　　崑曲也叫「崑山腔」、「崑劇」。崑曲繼承了唐宋大曲和元明的南北曲的精華，創造了最完整的表演體系。崑曲在它鼎盛時期曾遍及大江南北，成為全國劇壇霸主，並產生了北崑、湘崑、川崑、寧昆等許多支派，形成一種聲腔系統。

越劇

　　1939年，在上海演出的「女子文戲」有10多家，各戲班在海報上或報紙上做廣告，雖然都用「某某台女子文戲」的名稱，但是，在各戲報上，記者和投稿者對之稱謂是參差不一，有的稱之「紹興文戲」，有的則稱「的篤班」、「女子文戲」或「小歌班」。

　　當時，《大公報》記者樊迪民（1895～1984），想把「紹興女子文戲」改個固定的名稱。

　　一次，他正在讀李白的詩集以自娛。李詩中有幾首

《越女詞》，描寫了越女美麗的容貌，也描寫了剡溪的青山綠水。樊迪民從這裡得到啟發，首先想到一個「越」字。

同時，他又聯想到紹興是越王勾踐生聚教訓擊敗吳國的復興基地，嵊縣是紹屬之一，如果把嵊縣的「女子文戲」改稱為「越劇」，既符合詩仙的意境，也適合抗日戰爭時代的要求。

於是，樊迪民給茹伯勳編的《戲劇報》寫了稿，刊出正名為「越劇」的動機和意義的文章，告諸觀眾。

從那以後，各報的「女子文戲」的廣告便統改稱為「越劇」。

秦腔

關於秦腔名稱的由來，主要有以下兩種說法：一說秦腔是《秦王破陣曲》即《七德舞》、《七德歌》的簡稱，故名「秦腔」；一說秦襄公收復豐鎬，創建秦國，變溫柔懦弱之氣，成劇勁激昂之風，故取名「秦腔」。

秦腔古老，歷史悠久，有很多名稱，變化也很大。有人考證：除「秦腔」正名以外，還有秦聲、秦音、西音、西曲、西調、西秦腔、秦川調、梆子腔、山陝梆子、陝西腔等。

黃梅戲

　　長期以來，人們一直把安徽當成黃梅戲的故鄉。其實，黃梅戲的真正故鄉不是安徽，而是與安徽省接壤的湖北省黃梅縣。

　　明清以來，特別是清朝乾隆至道光年間，黃梅縣水災頻繁。災民為了生活，背井離鄉，採用唱道情、打蓮落等表演形式沿途賣唱，並與當地說唱藝術，如青陽腔和徽戲結合。這樣，黃梅戲被傳播到了皖、鄂、贛3省50餘縣。後來，黃梅戲在安徽得到進一步發展，並逐漸成為全國人民喜愛的地方劇種之一。

皮影戲

　　相傳，漢武帝的妃子李夫人死後，武帝時常想念，有個叫少翁的人，仿造了李夫人的形象，用燈光照射到布帳上，武帝看到布帳上的人影，很像死去的李夫人，非常高興。這可能就是皮影戲的雛形。

　　南宋時期，開封和杭州等地有許多影戲棚，演出三國故事等，非常受歡迎。元代時中國的皮影戲流傳到了緬甸、波斯、爪哇等地。

清代乾隆時，在中國傳教的法國神父，又把中國的皮影戲帶到了法國，演出時就叫做「中國皮影」。後來又傳到了英國和德國，在歐洲曾轟動一時。

木偶戲

中國最早的木偶戲，在《列子‧湯問篇》中曾有記載：西周穆王時，藝人偃師，帶了倡優來朝見穆王，倡優能歌善舞，但解剖一看，原來是用木頭和皮革製成的。

漢代時，木偶還曾被用來退兵。據《東府雜錄》敘述：當年漢高祖在平城，被匈奴王冒頓圍困，匈奴帶兵的主將是冒頓妻閼氏。漢高祖的謀臣陳平，瞭解到閼氏心多妒忌，便想出一計，製造了木偶美女，用機關操縱，活動於城牆上。閼氏看見，擔心攻下城池後冒頓將會納美女為妾，自己失寵，便退兵而去，城即解圍。

後來，藝人便把木偶作為戲具，進行表演，古時稱為「傀儡」。唐代時，提線木偶的製作已很精緻，唐玄宗曾作詩讚美：「刻木牽線作老翁，雞皮鶴髮與真同。」到宋代，木偶的製作和表演技巧，都有了長足的進步。

1977年，在河南濟源縣克井公社，出土了兩件北宋瓷枕，分別畫有杖頭木偶和懸絲木偶，說明這兩種木偶在北宋時期已經非常流行了。

梨園弟子

《新唐書‧禮樂志》上有載：唐玄宗李隆基喜好音樂，精通音律，尤欣賞清雅的《法曲》，於是，他就挑選了三百樂工在皇宮裡的梨園專門教他們演奏《法曲》，李隆基親臨指導，稱這些樂工為「皇帝梨園弟子」，這就是「梨園弟子」的由來。

隨著歷史的推移，元末明初高則成的著名戲曲《琵琶記》有一句開場白：「今日梨園弟子，唱演琵琶記。」從這裡可以看出，「梨園弟子」已經開始指戲曲演員了。

臉譜

臉譜由面具演變而來。面具的起源，可追溯至周代。周代的「儺（音『挪』）」是一種驅鬼的宗教樂舞，舞者戴的就是一個「黃金四日」的假面具，這是宗教樂舞中的面具。漢代雜技也有戴假面具的，稱為「像人」。至唐代「歌舞戲」中的「代面」，又稱「大面」，則來自北齊的蘭陵王。

相傳，蘭陵王長恭貌像婦人，自己覺得不足威懾敵人，於是刻木為假面，戴著上陣，勇冠三軍。歌舞戲中

的「代面」可說是戲曲中利用面具的濫觴，以後屢經演革而成臉譜。雖然臉譜從什麼時候開始，還不易確定，但《宋史·蔡攸傳》已有「塗抹青紅，雜倡優侏儒」的記載，可見宋代已有塗臉，亦即今日京劇之勾「臉譜」。

臉譜顏色的意義

白色：表示陰險奸詐，如《二進宮》中的李良；《楊家將》中的潘洪，三國中的曹操。

黃色：表現凶狠殘暴的人物。如典韋、姬僚。

藍色：表現勇猛豪爽。如單雄信、竇爾墩。

綠色：表現強悍暴躁。如青面虎。

黑色：表現正直剛烈、鐵面無私。如包公。

紅色：表現忠勇正義，如關公、姜維。

黑白相間：表示粗豪直爽的性格。如張飛、焦贊。（可以歸入黑色臉譜）

歪臉：表現強盜、惡棍，唯一的例外是，宋朝開國元勳鄭子明儘管勾歪臉，但是正面人物。

金臉、銀臉：往往都是神仙的象徵。如來佛、李天王等。

龍套

有的老藝人說，因為早年在神話戲裡有跳龍形，如《金山寺‧水鬥》，這些跳龍形是龍套來演，是龍套的專行，所以叫「龍套」。

著名京劇琴師徐蘭沅先生認為，在舊社會不管什麼事情總是把皇帝放在第一位，由於有些演員在演皇帝侍從時，穿的繡龍的帔。雖說，出場時侍從是第一個，只能說是皇帝前面的套子而已，「龍套」這個詞就傳下來了，並無深奧意義。

還有的說，從前並沒有這一行，由於有了名角制，這些群眾角色名演員不演，就形成有些人專門演群眾角色，後來就發展成了專行，而且，還有「頭兒」。舉凡一場戲要幾堂龍套可和「頭兒」聯繫，由他來調配。

中國京劇流派及其創始人

潭派 —— 譚鑫培

孫派 —— 孫菊仙

李派 —— 李春來

汪派 —— 汪桂芬

劉派 —— 劉鴻聲

楊派 —— 楊小樓

蓋派 —— 蓋叫天

高派 —— 高慶奎

言派 —— 言菊朋

余派 —— 余叔巖

梅派 —— 梅蘭芳

麒派 —— 周信芳

荀派 —— 荀慧生

尚派 —— 尚小雲

馬派 —— 馬連良

程派 —— 程硯秋

裘派 —— 裘盛戎

戲曲的四功五法十要

四功：是戲曲演員的四種基本功夫，唱功、做功、念白與武打。

五法：指的是手、眼、身、法、步。手指手勢，眼指眼神，身指身段，步指台步。至於法，則解釋不一。一說是「身法」應作為一項，一說是應稱「手眼身步」

法。這樣，五法就變成四法了。還有認為「法」是「發」之誤，指的是「水發」技術，但是「發」已包括在十要之中。按程硯秋的見解，「法」則應改為「口」，「口法」是為了練好唱念功夫。

十要：包括水袖、髯口、翎子、扇子、靴子、帽翅、馬鞭、笏板、牙和水發。

中國四大戲劇

《西廂記》、《桃花扇》、《牡丹亭》、《長生殿》

元曲四大家及代表作

關漢卿——《竇娥冤》

鄭光祖——《倩女離魂》

白樸——《梧桐雨》

馬致遠——《漢宮秋》

中國古代戲曲經典劇目

宋元南戲劇目：現存最早的南戲劇本《張協狀元》、元南戲的輝煌之作《四大戲文》、南戲的壓卷之作《琵琶記》。

元雜劇劇目：關漢卿的《竇娥冤》、王實甫的《西廂記》、白樸的《牆頭馬上》、馬致遠的《漢宮秋》、鄭光祖的《倩女離魂》、楊顯之的《瀟湘夜雨》、紀君祥的《趙氏孤兒》。

明清傳奇劇目：王濟的《連環記》、《寶劍記》、《林沖夜奔》、《水滸記》、《活捉》、《義俠記》、《武松打虎》；湯顯祖的《牡丹亭》、《玉簪記》、《秋江》、《偷詩》；李玉的《一捧雪》、《人獸關》、《永團圓》、《占花魁》；洪升的《長生殿》、昆曲《十五貫》、昆曲《鍾馗嫁妹》、明清傳奇的壓卷之作《桃花扇》、傳奇《雷峰塔》與京劇《白蛇傳》。

中國戲曲之最

中國最早的戲劇演員是春秋的楚國人優孟。

中國最早的戲曲劇目是《東海黃公》。

中國現存最古的劇本是《張協狀元》。

中國戲劇史上成就最突出的劇作家是元代關漢卿，他一生寫了60多個劇本。

中國古代第一部系統全面戲曲理論著作是清朝李漁所著的《閒情偶寄》。

中國最早的一部戲曲史是近人王國維1902年寫成的《宋元戲曲史》。

中國最早的劇場是東漢時期在洛陽城西的「平樂觀」。僅供宮廷使用。

中國最早的戲曲雜誌是辛亥革命前夕「上海大舞台叢報社」編輯出版的《二十世紀大舞台》。

中國流行最廣的、最大的戲曲劇種是京戲。

京劇四大名旦

梅蘭芳（1894～1961），出生於京劇世家，擅長青衣，兼演刀馬旦。代表作有《宇宙鋒》、《貴妃醉酒》、《斷橋》、《奇雙會》、《霸王別姬》和《穆桂英掛帥》等。

程硯秋（1904～1958），演青衣，受師於梅蘭芳。擅長演悲劇，編演過《鴛鴦塚》、《荒山淚》、《青霜

劍》、《英台抗婚》、《竇娥冤》等戲。

尚小雲（1900～1976），14歲時被評為「第一童伶」。代表作有《二進宮》、《祭塔》、《昭君出塞》、《梁紅玉》等。

荀慧生（1900～1968），擅長扮演天真、活潑、溫柔一類婦女角色，以演《紅娘》、《金玉奴》、《紅樓二尤》、《釵頭鳳》、《荀灌娘》等劇著名。

京劇四大鬚生

馬連良（1901～1966），在表演藝術上，宗法余叔巖等京劇名家，博采眾長，最後自成一家，人稱「馬派」，是繼余叔巖之後京劇老生中最有影響的流派之一。代表作《十老安劉》、《串龍珠》、《春秋筆》、《將相和》、《赤壁之戰》、《趙氏孤兒》等。

譚富英（1906～1977），出生於京劇世家，擅長靠把戲。唱腔繼承了「譚（鑫培）派」和「余（叔巖）派」的風格，並發揮自己的特長，酣暢淋漓，樸實大方，稱為「新譚派」。代表劇目有《定軍山》、《空城計》、《戰太平》、《擊鼓罵曹》、《將相和》等。

楊寶森（1909～1958）出生於京劇世家，他的嗓音

寬厚有餘而高昂不足，做工穩健老練，稱為「楊派」。
代表劇目有《失空斬》、《伍子胥》、《擊鼓罵曹》、
《洪羊洞》、《汾河灣》等。

奚嘯伯（1910～1977）學譚派，唱老生。曾得到京
劇名老生言菊朋的賞識，授以《擊鼓罵曹》等戲。代表
劇目有《白帝城》、《寶蓮燈》、《清官冊》、《蘇武
牧羊》、《法門寺》等。

蓋叫天

8歲時入天津隆慶和科班，一開始學的是老生、老
旦，也學武生。他10歲開始登台，13歲在杭州演出時開
始用「蓋叫天」之名。他以演短打武生為主，長期在上
海，杭州一帶演出，有「江南第一武生」之稱。

1934年，他在上海大舞台，用當時流行的機關佈景
演出《獅子樓》時，扮演西門慶的演員因為缺乏經驗，
從樓上跳下後，沒有留出足夠的空地，蓋叫天扮演的武
松從兩丈多高的樓上跳下時怕壓傷他，在空中一閃身，
落地時用力過猛，右腿骨折。在醫院，又碰上庸醫接錯
了斷骨；蓋叫天一聽說有可能無法登台，便毅然在床架
上撞斷了腿骨，要醫生重接。等腿傷痊癒後，他又在更

新舞台演出了頭二本《武松》，從「打虎」一直演到「逃亡」，先後演了三個半月。由於他在武松戲方面的突出創造，因此被世人譽為「活武松」，又稱「江南武松」。

麒麟童——周信芳

周信芳六歲隨父旅居杭州，從陳長興練功學戲。七歲登台演《鐵蓮花》中的定生，藝名「七齡童」，1906年後，隨王鴻壽赴漢口演出。1907年在上海，改用「麒麟童」，此後一直沿用此名。

1908年到北京入喜連成社，與梅蘭芳、林樹森、高百歲同台。1912年返滬，在新舞台等劇場與譚鑫培、李吉瑞、金秀山、馮子和等人同台，頗受熏陶，演技漸趨成熟。1915年至1926年間，先後在上海丹桂第一台、更新舞台、大新舞台、天蟾舞台演出，排演了連台本戲《漢劉邦》《天雨花》《封神榜》等。在此期間兩度赴北京、天津演出，將《蕭何月下追韓信》、《鴻門宴》、《鹿台恨》、《反五關》等戲介紹給北方觀眾，人稱「麒派」。

梨園三怪

一個是跛子孟鴻壽。這孟鴻壽幼年不幸，小小年紀竟然得了軟骨病，生得身長腿短，骷髏頭特別大，腳又特別小，身體纖弱。偏偏他卻歡喜梨園行當，學藝之路走得比常人艱辛百倍。他苦學苦練，揚長避短，後來，成為戲院競相邀請的丑角大師。

另一個人稱瞎子雙闊亭，自幼學戲，豈料得正當鵲聲四起之時，雙目影生因疾失明。不過人家並未灰心喪氣，一蹶不振。反而更加勤學苦練。在台下走路要用人攙扶的他，上台表演卻寸步不亂，終於成為名須生。

至於啞巴王益芬，一出娘肚皮，就不會開口說話。他落地藝人家庭，戲曲乃其家傳。平日嬉戲後台，懵懂啞小子竟趴在側幕，津津有味地看父母演戲，一一默記於心。雖無人教授，但每天必起早貪黑練功，長年不懈，終成為戲園裡有名的二花臉。

《霸王別姬》

霸王別姬是京劇藝術大師梅蘭芳表演的梅派經典名劇之一。

秦末，楚漢相爭，韓信命李左車詐降項羽，誆項羽進兵。在九里山十面埋伏，將項羽困於垓下。項羽突圍不出，又聽得四面楚歌，疑楚軍盡已降漢，在營中與虞姬飲酒作別。虞姬自刎，項羽殺出重圍，迷路，至烏江，感到無面目見江東父老，自刎江邊。

此劇一名《九里山》，又名《楚漢爭》、《亡烏江》、《十面埋伏》。清逸居士根據昆曲《千金記》和《史記‧項羽本紀》編寫而成。總共四本。1918年，由楊小樓、尚小雲在北京首演。1922年2月15日，楊小樓與梅蘭芳合作。齊如山、吳震修對《楚漢爭》進行修改，更名為《霸王別姬》。

5. 影視常識

連續劇

　　連續劇，電視劇中一種重要的形式，故事情節較為曲折複雜，劇中人物往往數量較多，主要人物和情節都是連貫的，每集演播全劇中的一段故事，並在結尾處留有懸念，吸引觀眾連續收看。

按地區分類：日劇、韓劇、美劇、大陸劇、港台劇
按情節分類：偶像劇、悲情劇、歷史劇

電影

　　電影源於歐洲，最早是法國的盧米・埃爾兄弟在1895年將連續拍照的相片連續放映而成，而「電影」一詞卻是地道的中國名字。

　　電影誕生以後，不久傳到中國。當時觀眾發現，這種西洋的新發明與中國古老的皮影戲很相似，只是放映時用電作光源。於是，人們就把這種「活動影戲」叫做

「電光影戲」。後來，人們或許是為了叫的順口，就簡化成「電影」了。

寬銀幕電影

寬銀幕電影使用的銀幕比普通銀幕寬的電影的統稱。寬銀幕電影把放映畫面展寬，適合人的兩眼水平視角大於垂直視角和人們在日常生活中所見到的景物並無限界的特點，使觀眾擴大視野，增加臨場真實感。寬銀幕上的影像畫面造成了廣闊的印象，利於增強藝術表現力，尤其適合表現大自然景色、群眾場面和戰爭鏡頭。

3D 電影

3D電影就是利用雙眼立體視覺原理，使觀眾能從銀幕上獲得三維空間感視覺影像的電影。

3D立體電影的製作有多種形式，其中較為廣泛採用的是偏光眼鏡法。它以人眼觀察景物的方法，利用兩台並列安置的電影攝影機，分別代表人的左、右眼，同步拍攝出兩條略帶水平視差的電影畫面。

放映時，將兩條電影影片分別裝入左、右電影放映機，並在放映鏡頭前分別裝置兩個偏振軸互成90度的偏

振鏡。兩台放映機需同步運轉，同時將畫面投放在金屬
銀幕上，形成左像右像雙影。

當觀眾戴上特製的偏光眼鏡時，由於左、右兩片偏
光鏡的偏振軸互相垂直，並與放映鏡頭前的偏振軸相一
致；致使觀眾的左眼只能看到左像、右眼只能看到右
像，透過雙眼匯聚功能將左、右像疊和在視網膜上，由
大腦神經產生三維立體的視覺效果。展現出一幅幅連貫
的立體畫面，使觀眾感到景物撲面而來、或進入銀幕深
凹處，能產生強烈的「身臨其境」感。

動感電影

動感電影的前身為培訓飛行員所用的航空模擬器，
最早出自美國軍方。動感電影自產生以來也經歷了一個
不斷推陳出新的歷程，從最初的平台式和十人座發展到
如今的870放映機，渦輪式100座300平方米大視域的最
大規模至尊設備「turbotour」系統。該系統集成諸多當
今最新技術：計算機遠程控制技術、程控液壓運動模擬
技術、高清晰度超大畫面放映技術、DTS數字音響技
術、數碼3D圖像製作技術等。

6. 教育常識

科舉

　　科舉是歷代封建王朝透過考試選拔官吏的一種制度。由於採用分科取士的辦法，所以叫做科舉。科舉制從隋朝大業元年（605年）開始實行，到清朝光緒三十一年（1905年）舉行最後一科進士考試為止，經歷了一千三百多年。

狀元

　　科舉考試以名列第一者為狀元。唐代舉人赴京應禮部考試都須投狀，因此稱進士科及第的第一名為狀元，也叫狀頭。宋代以殿試首名稱狀元。明、清會試以後，貢士須作殿試，分三甲取士，一甲三名，第一名為狀元。

榜眼

科舉殿試一甲第二名稱榜眼。北宋初期，殿試錄取的一甲第二、三名都稱榜眼，意思是指榜中雙眼。明、清兩代專指第二名，第三名稱探花。

探花

科舉殿試一甲第三名稱探花。唐代進士曲江杏園初宴，稱「探花宴」，以同榜俊秀少年進士二三人為探花使，遍游名園，探採名花，探花之名始於此，宋代又稱探花郎。南宋以後，專指殿試一甲第三名。元、明、清三代沿襲不改。探花授翰林院編修。

進士

意即貢舉的人員。唐代科目中以進士科最被重視；明、清兩代，始以進士為考中者的名稱，凡是舉人（鄉試考中者）經過會試考中者為貢士，由貢士經過殿試錄取者為進士。

舉人

原指被推薦之人,為歷代對各地鄉貢入京應試者的通稱。明、清兩代,為鄉試考中者的專稱,作為一種出身資格,中了舉人叫「發解」、「發達」,簡稱「發」,習慣上俗稱為「老爺」。

秀才

別稱「茂才」。本系優秀人才的通稱。漢代以後,成為薦舉人才的科目之一。南北朝時,最重此科。唐代初期,設秀才科,後來漸漸廢去,僅作為對一般儒生的泛稱。明太祖曾採取薦舉的方法,舉秀才數十人,反以知府為官。明、清兩代,專門用來稱府、州、縣的學員。習慣上也稱為「相公」。

金榜

古代科舉制度殿試後錄取進士,揭曉名次的佈告,因用黃紙書寫,故而稱黃甲、金榜。多由皇帝點定,俗稱皇榜。考中進士就稱金榜題名。

八股文

　　明清科舉考試制度所規定的一種文體，由破題、承題、起講、入手、起股、中股、後股、束股八個部分組成。「破題」規定兩句，說破題目意義；「承題」三句或四句，承接「破題」加以說明；「起講」概括全文，是議論的開始；「入手」引入文章主體；從「起股」到「束股」是八股文的主要部分，尤以「中股」為重心。在正式議論的這四個段落中，每段都有兩股相互排比對偶的文字，共為八股，八股文由此得名。

書院

　　唐宋至明清出現的一種獨立的教育機構，是私人或官府所設的聚徒講授、研究學問的場所。

宋代著名的四大書院

　　江西廬山的白鹿洞書院、湖南善化的岳麓書院、湖南衡陽的石鼓書院和河南商丘的應天府書院。

學校

西元前3000年左右，中國已有「圖書文字」和「象形文字」了。於是也就有了專門傳授和學習文字的機構「成均」，這就是學校的最初萌芽。

到了夏代，則有了正式以教為主的學校，稱為「校」。商代生產力日益發展，文化日趨進步，科學日漸發達，因之學校又有增加，稱為「學」與「瞽宗」。

西周時期，學校組織分為國學與鄉學兩種。塾中優秀者，可升入鄉學而學於庠、序、校；庠、序、校中的優秀者可升入國學而學於大學。國學為中央直屬學校，鄉學是地方學校。

後來，人們專用塾稱呼私人設立的學校，叫私塾。庠、序成了鄉學之名。學則和校合併，成為教育機構的通稱，一直沿用到現在。

師範

「師」的名稱，在夏、商、周時就有了。而「師」字最早出現是在甲骨文中，甲骨文中有「文師」之稱。以後，西漢的董仲舒用了「師」一詞，司馬遷用了「師

表」一詞，他們都強調了師的表率作用。

西漢末年，揚雄在言論集《法言》中說：刊幣者、人之模範也，第一次將「師」和「范」，聯繫起來看，明確強調了教師所負有的塑造教育對象的重大責任。所以，現代漢語中，把專門培養教師的學校叫師範學校。

母校

「母校」一詞是在清末由日本傳入的外來語。當時，京師大學堂師範館聘有不少日本教員。「母校」一詞是「正教習」服部宇之吉教授在1907年向師範館第一期畢業生講話時講的，由范源廉翻譯。這個詞當時在學生中還沒有聽過，由於它包含有親切感，後來就流行開了。

圓周率

對圓周率的研究最早發源於中國。在南北朝時期，數學家祖沖之（西元429年至500年）經過大量的科學實踐，計算出圓周率，$\pi=3.14159265$……他是當時世界上計算圓周率最準確的數學家，為後人打開數學寶庫提供

了鑰匙。

至今，世界上都將π稱為「祖率」。1973年，一位法國數學家算出了圓周率π的前100萬位數字，法國原子能委員會將其視若珍寶，特將它編印出版，被列入當年的「世界紀錄大全」。

圓周值

春秋戰國時，墨子給圓下過定義，他說圓是一個封閉曲線，它的中心與圓周上任何一點的距離都相等。這個學說比希臘數學家歐幾里德提出的要早100多年。那麼，又是誰將圓周定為360度的呢？這將追溯到3700多年前的古巴比倫。

當時巴比倫人認為，從視覺上看，太陽從東邊地平線升起到西邊地平線落下，這運行軌道即是天穹半圓。從地球上看，視覺中太陽的直徑剛好是天穹半圓的1/180，即180個太陽直徑恰是天穹半圓的長度。太陽每移一個直徑的位置，正好需要1「分」時間，因此，半圓就是180度，那麼整個圓周當然就是360度了。

珠算

古時候，人們用石子來計數，但這很不方便。後來，人們改用像筷子一樣的小棒進行計算，叫做「籌算」。經過一段時間的使用，大家覺得用算籌擺來擺去進行計算實在太麻煩，又把算籌改為用「珠盤」進行計算。把珠子放入盤內表示要加的數；取出盤子裡的珠子表示要減的數。

用珠盤計數，珠子容易滾動散失，於是中國人民發明了珠算。把珠子串起來，並列地連排起來，就成了算盤。因為用算盤計算又快又方便，很快就傳到朝鮮、日本等國。近年來，美國、日本的學者把珠算譽為「中國的第五大發明」。

「九九乘法歌訣」的由來

《九九乘法歌訣》是從「一一得一」開始，到「九九八十一」止，而在古代，卻是倒過來，從「九九八十一」起，到「二二得四」止。因為口訣開頭兩個字是「九九」，所以，人們就把它簡稱為「九九」。大約到13～14世紀的時候才倒過來像現在這樣「一一得一……

「九九八十一」。

　　中國使用「九九口訣」的時間較早。在《荀子》、《管子》、《淮南子》、《戰國策》等書中就能找到「三九二十七」、「六八四十八」、「四八三十二」、「六六三十六」等句子。由此可見，早在「春秋」、「戰國」的時候，《九九乘法歌訣》就已經開始流行了。

考試的由來

　　中國是考試的發祥地。作為一個文化早熟型的國家，考試制度的最早淵源可以追溯到夏商周時期。

　　將「考」與「試」二字連用，始於西漢董仲舒的《春秋繁露》，該書《考功名篇》說：「考試之法，大者緩，小者急；貴者舒，而賤者促。諸侯月試其國，州伯時試其部，四試而一考。天子歲天下，三試而一考。前後三考而黜陟，命之曰計。」由此可見，最初「考」字更側重於考核政績的含義，「試」字更側重於測度優劣的含義。當「考」與「試」合為一個詞之後，其內涵逐漸演變為特指考查知識或技能的方法和制度。

「人定勝天」

古人認為，在軍事較量中有三個重要因素——天、地、人，「人定勝天」所說的「人定」是指上述三個重要因素之一的人，同時，「天定勝人」中「天定」是指三個重要因素之一的天。《成語詞典》將「人定勝天」中的「人定」解釋為人謀，並引用馮夢龍《喻世明言》和梁啟超《新羅馬》為例。《喻世明言》卷九：「卻又犯著惡相的，卻因心地端正，肯積陰功，反禍為福。此是人定勝天，非相法之不靈也」。從這段文章可看出，「人定勝天」並無「人類一定能夠戰勝自然」之意，而是指在一定條件下，人的因素（心地端正，肯積陰功等）比天命更為重要。

「三從四德」

「三從」，是指：未嫁從父，既嫁從夫，夫死從子。意思是說女孩子在未出嫁之前要聽從家長的教誨，不要胡亂地反駁長輩的訓導，因為長輩們的社會見識豐富，有根本性的指導意義；出嫁之後要禮從夫君，與丈夫一同持家執業、孝敬長輩、教育幼小；如果夫君不幸

先己而去，就要堅持好自己的本分，想辦法扶養小孩長大成人，並尊重自己子女的生活理念。這裡的「從」並不是表面上的「跟從」之意，而是有工作性質的「從事」之本質。（《儀禮、喪服、子夏傳》）

「四德」是指：德、容、言、工，就是說做女子的，第一要緊是品德，能正身立本；然後是相貌（指出入要端莊穩重持禮，不要輕浮隨便）、言語（指與人交談要會隨意附義，能理解別人所言，並知道自己該言與不該言的語句）和治家之道（治家之道包括相夫教子、尊老愛幼、勤儉節約等生活方面的細節）。（《周禮、天官、九嬪》）

「九儒十丐」說

九儒十丐是社會的最底層，儒即民間學者，雅說為「士」，俗稱「讀書人」，乃自春秋以來一個重要的社會勢力，是中國傳統文化的傳承者。然而，蒙古人以馬上得天下，是看不起這些亡國奴的，特別是彼輩既不能上戰場拚殺，又不能空空說法，天花亂墜，以給貴族們精神上愉悅，也不能打算盤，搞建設，救死扶傷，更不用說貢賦納稅，是故屬於極無用，極累贅之階層，惟其「不妄取」的態度，才高過乞丐一頭。

「連中三元」

「連中三元」一語源於封建社會科舉考試制度。科舉制度經過長期演變和改革，逐步固定為鄉試、會試、殿試三級的形式。鄉試由各省在省城主持的考試，考中的稱為「舉人」，第一名稱為「解元」。會試由禮部在京城主持，考中的稱為「貢生」，第一名稱為「會元」。殿試由皇帝親自主持，考中的稱為「進士」，第一名稱為「狀元」，也稱「殿元」。在鄉試、會試、殿試中都獲得第一名，自然是「連中三元」了。

女狀元

五代時期，女詩人黃崇嘏，有一次打扮成儒生模樣，隻身從臨邛到成都遊玩，其颯爽英姿引來人們好奇的目光，最後被莫名其妙地送進了監獄。

在獄中，她假借「鄉貢進士」身分寫下《獄中貢詩》，呈交到當時蜀相周庠手中。詩中寫到：「偶辭幽隱住臨邛，行止堅貞比澗松。何事政清如水鏡，絆他野鶴在深籠。」周庠讀罷此詩，即可將黃崇嘏從獄中放出來，並委以重任，擔當司戶參軍之職。

　　周庠見一表人才的黃崇嘏政事明敏、辦事幹練，心裡十分喜愛，打算將自己的愛女嫁給她為妻。黃崇嘏想到自己本身就是女人，又怎麼能再娶女子為妻？於是作詩獻給周庠，含蓄地表明自己真實的身分和意願。詩中寫到：「自服藍衫居郡橡，永拋鸞鏡畫峨眉。立身卓矣青松操，挺志堅然白璧姿。幕府若榮為坦腹，願天速變作男兒。」周庠見詩後，極為驚訝。立即把黃崇嘏傳來詢問，才知道她是女扮男裝。因她獻詩時，自稱為「鄉貢進士」，所以世俗便訛傳為「女狀元」了。「女狀元」一詞也由此而來。

儒、道、法、陰陽家思想代表人物及著作

儒家

　　代表人物：孔子、孟子、荀子、董仲舒、程頤、朱熹、王陽明。

　　代表作：《論語》、《孟子》、《荀子》、《春秋繁露》、《易傳》、《論語集注》、《傳習錄》。

道家

代表人物：老子、莊子、楊朱。

代表作：《老子》、《莊子》、《淮南子》、《列子》。

法家

代表人物：管仲、李悝、商鞅、慎到、申不害、韓非子等。

代表作：《管子》、《商君書》、《韓非子》。

陰陽家

代表人物：公橋生、公孫發、南公。

代表作：《公孫發》、《鄒子》、《鄒子始終》、《乘丘子》、《杜文公》、《皇帝泰素》。

7. 體育常識

體育

在中國，「體育」這個詞最早見於1904年，在湖北幼稚園開辦章程中提到對幼兒進行全面教育時說：「保全身體之健旺，體育發達基地。」在1905年《湖南豢養院教課說略》上也提到：「體育功夫，體操發達其表，樂歌發達其裡。」

在中國，最早創辦的體育團體是1906年上海的「滬西士商體育會」。1907年中國著名女革命家秋瑾在紹興也創辦了體育會。同年，清皇朝學部的奏折中也開始有「體育」這個詞。辛亥革命以後，「體育」一詞就逐漸運用開來。

足球運動的由來

早在西元前2000多年，中國就已經有了足球遊戲。最早的足球是用草或毛制的，叫做「鞠」。從漢代開

始，足球改用熟皮製造，內裝毛髮，又名「踘」。到了
唐代，開始用動物的膀胱放進皮球內作球膽，充氣後使
用，名為「氣趣」，它與現代足球已差不多了。

　　西方到12世紀時才有足球遊戲。到了16世紀，歐洲
出現了用紙糊的足球門。1863年，英國成立足球協會，
改用在兩根柱頂上各系一條繩子，限制了球門的高度。
現在用的標準掛網球門是1891年才出現的。

滑冰運動

　　早在八、九百年以前，中國就已經有了滑冰運動，
不過，那時不叫滑冰，而稱之為「冰嬉」。「冰嬉」包
括速度滑冰、花樣滑冰以及冰上雜技等多種項目。

　　根據乾隆年間出版的《帝京歲世紀勝》記載：「冰
上滑擦者所著之履，皆有鐵齒。流行冰上，如星馳電
掣，爭先奪標取勝。」這就是現在的速滑比賽。該書
《禮箋》也記述了「冰上蹙鞠，皇帝亦觀之，蓋尚武
也」。鞠，即球。蹙鞠即踢球。可見，中國在200多年
以前就有了冰球運動。

蟬聯

蟬的俗名叫「知了」，雄蟬用腹部的發音器來發出聲音。蟬的幼蟲棲息在土裡，牠依靠針狀口器刺進樹枝裡，吸取汁液來維持生命。幼蟲變為成蟲時，便脫掉蟬殼，軀體在原來基礎上得以延伸，故稱為「蟬聯」。

為此，在一些體育比賽項目，如連續保持了冠軍，就叫「蟬聯冠軍」；保持了亞軍，就叫「蟬聯亞軍」等等。

圍棋

圍棋，是中國傳統棋種，也是當今體育運動競賽的項目之一。傳說它誕生於中國的遠古，起源於古代部落會議。當時，部落首領會議為商討對敵戰爭，就地畫圖，用兩種不同顏色的小石子代替敵我兵卒，進行籌劃，制定作戰的策略。

時間一長，由於它能啟人心智，便逐漸演變成了人們的遊戲，以供消遣取樂。而後，它又逐漸傳到日本、朝鮮等地，使之成為一種世界性的體育娛樂運動。

圍棋「九段制」

在中國古代，圍棋手的等級稱為「棋品」。因受人品、言品、書品「九品制」的影響，故棋品也設「九品制」。「九品」名稱，最早見於北京張擬的《棋經‧品格篇》：「夫圍棋之品有九，一曰入神，二曰坐照，三曰具體，四曰通幽，五曰用智，六曰小巧，七曰鬥力，八曰若愚，九曰守拙」。明清以來，有國手、二手、三手、四手之分，每手又分先後，略近九等。日本效之，稱為九段。現在，圍棋九段之分，已為世界各國通用。

中國象棋

中國象棋大約起源於戰國時代，那時盛行著一種文博象棋，每方有棋子6枚。

唐代，象棋在中國發生了很大的變化，有了一些變革，已有「將、馬、車、卒」4個兵種，棋盤和國際象棋一樣，由黑白相間的64個方格組成。後來又參照中國的圍棋，把64個方格變為90個點。

宋代，中國象棋基本定型，除了因火藥的發明增加了「炮」之外，還增加了「士」、「象」。宋代的《事

林廣記》中就記載著中國目前所能看到的最早的象棋譜，比西方15世紀出現的國際象棋譜早200多年。這就對長期以來流行的「中國象棋起源於印度」的說法提出了異議。

到了明代，可能為了下棋和記憶的方便，才將一方面的「將」改為「帥」，和現代中國象棋一樣了。

武術

武術還有其他名稱：功夫，武功和國術或武藝，中國傳統體育項目。其內容是把踢、打、摔、拿、跌、擊、劈、刺等動作按照一定規律組成徒手的和器械的各種攻防格鬥功夫、套路和單勢練習。武術具有極其廣泛的群眾基礎，是中國人民在長期的社會實踐中不斷累積和豐富起來的一項寶貴的文化遺產。

十八般武藝

「十八般武藝」之說始於明代。明萬曆年間，謝肇潤在《五殺俎》中記載，十八般武藝為：一弓、二弩、三槍、四刀、五劍、六矛、七盾、八斧、九鉞、十戟、

十一鞭、十二鐧、十三檛、十四殳、十五叉、十六耙頭、十七綿繩套索、十八白打（徒手打拳）。

「十八般武藝」也是中國古代各種兵器的通稱。有些史料按照九長九短分類。九長為：槍、戟、棍、鉞、叉、鉤、槊、環；九短為：刀、劍、拐、斧、鞭、鐧、錘、棒、杵。

五禽戲

五禽戲是一種中國傳統健身方法，又稱「五禽操」、「五禽氣功」、「百步汗戲」等。

五禽戲是中國民間廣為流傳的、也是流傳時間最長的健身方法之一。

麻將

據傳，麻將108張牌隱喻梁山一百單八將，是元末明初一個崇拜水滸英雄的人發明的。

麻將牌又稱麻雀牌、竹城之戰、方城之戰。現代麻將牌產生於明末清初，起初在中國江、浙一代流行，19世紀20年代初被作為「巨額商品」向外輸出，流入西方

和日本。麻將牌最早的文字記載寫為馬將牌，可見麻將
牌名稱的來源與馬吊牌的名稱有聯繫。

《清稗類鈔》中記載：「麻雀牌是馬吊牌一音之
轉。」麻、馬二字同音，江浙一帶的鄉音稱鳥為刁，刁
讀去音就是吊。於是，馬吊就讀了麻將，麻將牌由此得
名。

舞獅

有關舞獅子的記載，最早見於《漢書・樂志》，其
中提到「像人」，照三國時魏國人孟康的解釋，「像
人」就是扮演魚、蝦、獅子的藝人。由此可見，至遲三
國時已有舞獅子了。

南北朝時，民間也流行舞獅子。到了唐朝，舞獅子
已發展為上百人集體表演的大型歌舞，還作為燕樂舞蹈
在宮廷表演，稱為「太平樂」，又叫「五方舞獅子」。
當時的舞獅子，還流傳到了日本。

日本的一幅「信西古樂圖」中，就畫有古代的日本
奏樂舞的場面，與唐代的相似，只是規模小得多。唐代
以後，舞獅子在民間廣為流傳。

拔河

　　拔河誕生於距離今2400年前春秋時期的楚國。唐代時，拔河活動已廣泛展開。「大麻全長四五十丈，兩頭分系小索數百條」，可見古代參加拔河的人數比現在的多得多。大繩正中插一根大旗，旗的兩邊劃兩條豎線，稱為河界線。比賽時，以河界線為勝負標誌，所以改稱「鉤拒之戲」為「拔河」。

跳繩

　　跳繩，在中國歷史悠久，盛行於清代。在清代北京元宵節民間娛樂時，稱跳繩為「跳百索」。當時，這種跳繩加伴唱的遊戲，娛樂性很強，對促進少年兒童發展靈敏、速度、彈跳及耐力等身體素質，皆有好處。所以，跳繩運動一直流傳至今。

角力

　　中國式摔跤在中國古代叫角力，又稱角抵。西元前11世紀的周朝，角力逐漸成了一種重要的軍事體育活

動。《禮記‧月令》記載:「孟冬之月⋯⋯天子乃命將帥講武,習射御角力。」中國古書《角力記》,記載了從春秋戰國到五代十國近1700多年的摔跤歷史。這是世界上最早的一本摔跤專輯。

冠軍

冠軍一詞由來已久。《史記‧項羽本紀》有這樣的記載:「諸別將皆屬宋義,號為卿子冠軍。」這是中國歷史上第一個榮獲「冠軍」稱號的人。

據《漢書‧霍去病傳》,霍去病就以戰功官拜驃騎將軍,封「冠軍侯」。漢代以後,戰功卓著的武將,也都採用了冠軍為官銜。從魏晉迄南北朝各代,都設有「冠軍將軍」,唐朝也設有「冠軍大將軍」的官銜。直到清朝,護衛帝王的鑾儀衛及旗手衛的首領,也稱為「冠軍使」。

亞軍

亞軍,是由於亞是次一等的意思,也就是低於冠軍的優勝者。在古代,有「亞聖」、「亞父」諸稱。學者

稱孔子為「至聖」，稱孟子為「亞聖」。《史記·項羽本紀》中有：「亞父南向坐，亞父者，范增也。」這是因為項羽很尊敬范增，把范增認作僅次於生父的長者。

季軍

「季軍」，指名次低於冠軍、亞軍的優勝者，是指競賽的第3名。「季」原是「末」的意思，舊時指農曆一個季度最末一個月，季春，季夏，季秋，季冬即指三，六，九，十二月。「孟」和「仲」分別指一個季度的第一和第二個月。一個季度是三個月，按「孟」，「仲」，「季」的次序，「季」慢慢便成了「三」的同義語。古時作戰，又常把軍隊分為前軍，中軍，後軍。後軍排列第三，即為季軍，沿襲下來，「季軍」也成了第三名的同義語。

殿軍

體育、遊藝競賽中的最末一名，也指競賽後入選的最末一名。

殿軍一詞出自《晉書·王湛傳》：「故大禹、咎繇

稱功言惠而成名於彼，孟反、范爕殿軍後入而全身於此。」原指行軍時居於尾部，後來用以稱比賽入選或考試上榜的末名，似近於「殿底」。

　　然而，目前約定成俗的用法將殿軍視為冠軍、亞軍及季軍之後的第四名。

8. 政治常識

皇帝制

　　西周、春秋戰國前期，天子稱「王」，是全國最高統治者。戰國中期以後，各諸侯也相繼稱王。秦王統一中國，諸侯爭戰的局面結束，天下安定。秦王嬴政自認為功勞高於古代所有的帝王，不應再僅僅稱王，就讓大臣們討論此事。大臣們說：「古有天皇，有地皇，有泰皇，泰皇最貴。」建議秦王嬴政稱「泰皇」。秦王決定取古代「三皇」之「皇」和「五帝」之「帝」，合而為一，稱為「皇帝」。從此，「皇帝」一詞就成為君主專制國家的最高統治者的尊號。

明清兩代六部的職能

　　史部：主管全國文職官吏的挑選、考查、任免、升降、調動、封勳，大體相當於現代的組織部的職能。
　　戶部：主管國家戶籍、田畝、貨幣、各種賦稅、官

員俸祿，大體相當於現代的農業部、財政部。

禮部：主管朝廷重要典禮（如祭天地、祭祖先等）、科舉考試、接待外國來賓，類似現代的教育部和外交部禮賓司。

兵部：主管全國武職官員、練兵、武器、彈站，相當於現代的國防部。

刑部：主管國家司法、行政，相當於現代的司法部。

工部：主管興修水利、主要的土木建築工程，相當於現代的水利部和建設部。

中國古代九品中正制

九品中正制是魏晉南北朝時期一種重要的官吏選拔制度。是魏文帝曹丕為了拉攏士族而採納陳群的意見。曹丕篡漢前夕即延康元年（220年）由魏吏部尚書陳群制定。這一制度創始於曹魏，發展成熟於兩晉，衰落於南北朝時期，廢除於隋朝，隨之科舉制形成。中正根據家世、才德的評論，對人物做出高下的品定，稱為「品」。品共分為九等，即上上、上中、上下、中上、中中、中下、下上、下中、下下。

政府

　　政府是國家機器的組成部分，指的是國家行政機關。在唐朝，國家政權機構的設置、發展確立了負責中樞政務的「三省六部制」。三省是：負責決策的中書省，負責審議的門下省，具體執行的尚書省。三省長官共同行使宰相職權，負責處理國家政務。這些長官們日常辦公的地方叫「政事堂」，號稱「政府」。

　　司馬光的《資治通鑑》說：「李林甫領事部尚書，日在政府。」胡三省注云「政府」即政事堂。這大概是「政府」一詞的最早出處。

彈劾

　　中國在秦朝時開始設立御史大夫，主要負責監察、執法工作。如有官吏失職，御史大夫可向皇帝提出檢舉，請求予以懲罰。這就是彈劾的最初形式。以後各朝各代均設有御史或監察御史等官職，專司彈劾之職。

　　1640年11月11日，英國國會下院約300名議員，在議員約翰‧皮姆的帶領下，來到上院，以下院和英國公眾的名義，控告彈劾國王寵臣斯特拉夫伯爵犯下不可饒

恕的叛國罪，並促成其死刑。這一彈劾事件，開創了議會彈劾國家官員的先例。1689年以後，下院逐漸以法律形式確立了監督政府、彈劾管理官吏的職能。後來，彈劾為西歐資本主義國家所採用。

「正」字計票法的由來

在小型投票選舉中，總有人唱票作統計，寫票人會用「正」字來計票數。這種做法源於上海舊戲院統計觀眾人數的方法。當時戲院沒有戲票，是由一些「案目」（相當於現在的服務人員）站在戲院門口招攬觀眾，領他們入座。每領來5人，司事就在木牌上寫一個「正」字，並註明某案目的名字。這樣計數十分簡便，算帳也很清楚。後來有了戲票，這種辦法自然廢除了。

9. 軍事常識

中國古代的軍銜

元帥：唐代設有元帥、副元帥等戰時最高統帥，宋有兵馬大元帥，元有都元帥、元帥。

將軍：春秋時晉國以卿為將軍，戰國時始為武官名，漢代將軍名號頗多，魏晉南北朝更繁，隋唐以後歷代皆設有將軍官名。

校：古代軍隊的編制單位，統帶一校之官稱校尉。漢武帝初置中壘、屯騎、步兵、越騎、長水、胡騎、射聲、虎賁等八校尉，為專掌特種軍隊的將領，其地位略次於將軍，後通稱將佐為八校。晉武帝時設有軍校，為任輔助之職的軍官。清代有步軍校、護軍校等官職。

尉：春秋時晉國上中下三軍皆設尉，秦漢時太尉、大尉、中尉地位頗高，以後帶尉字的官員地位逐漸下降。唐代折衝府以300人為團，團設校尉。明清時的衛士和八九品階官稱校尉，清代七品官中有正尉、副尉。

士：夏商週三代，天子、諸侯皆有上士、中士、下士之官，是卿大夫以下的低級官職，秦以後間有襲用古制而以上、中、下士為官職者。

沙盤

　　沙盤，是在軍事上為了研究地形、敵情、作戰方案，組織協同作戰或實施訓練，根據地形圖或實地地形，按一定的比例用泥沙、兵棋等堆製成的模型。

　　據《後漢書・馬援列傳》記載，西元32年，佔據隴西的隗囂，聯合割據四川的公孫述，興兵造反。漢光武帝劉秀欲出兵征討，急召部將馬援商討進兵方略。馬援在投奔劉秀之前曾依附隗囂，對隴西一帶的地理環境較為熟悉。

　　在商討戰略時，他用米堆成一個與隴西一帶實地地形相似的模型。馬援手指模型，從戰術上作了詳細的分析，為光武帝制定作戰方案提供了依據。這就是世界軍事上最早的沙盤推演。

「將軍」的來歷

春秋時代，諸侯為了建立霸業，總是費盡心思來擴充兵力。大國諸侯，擁有三軍以上的兵力。可是在編制上，諸侯只能有三軍，只能設三卿。於是，有些諸侯就把擴充軍的統帥稱作「將軍」，意即率領一軍的意思。行軍打仗時，軍隊得由一人統一指揮，方能發生效力。因此，便在將軍中選拔出大將軍或上將軍來全盤指揮。

到漢朝時期，軍隊數量更多，單設一位大將軍管不過來了，於是又出現了不同級別的驃騎將軍、車騎將軍、衛將軍等職位。以後，各朝的將軍雖不盡相同，但將軍這一官階仍然是分成若干級別的。

海軍的由來

中國歷史上第一個建立雄厚水軍力量的政治集團是三國時的東吳。當時，東吳的水軍主力位於長江一帶，總共有5000艘戰艦。中國明朝則擁有了世界上最強大的海軍力量。明成祖曾派鄭和七次下西洋，向各國顯示中國海軍的強大。

清朝的北洋水師建立後，其規模居東亞第一、世界第六。黃海戰役是世界上第一次蒸汽機鐵甲艦的戰鬥。

手榴彈

　　手榴彈起源於中國。中國雲南哀牢山的彝族人民，創造出極獨特的葫蘆飛雷，就是手榴彈的鼻祖。它是在掏盡籽實的乾葫蘆裡，放入火藥和鉛塊、鐵礦石碴或鐵鍋碎片等物，並在葫蘆頸部塞入火草作為引火物。使用葫蘆飛雷時，先把葫蘆放在網兜中，點燃火草後，馬上拋擲出去。等葫蘆拋達目標，正好火草燃及火藥，從而發生爆炸，使鉛塊、鐵礦石碴、鐵鍋碎片等四處飛濺。

火箭

　　中國人民最先發明了火箭。第一枝火藥火箭，誕生於宋代，發明者是士兵唐福。它是在箭上紮一個紙筒，內放火藥，尾部引出引火線，點燃後，火藥燃燒產生的火藥氣體，從紙筒後面噴出，利用反作用力推動紙筒前進。在古代火箭的基礎上，誕生了現代火箭。戰場上最先應用的是火箭炮，它能發射力量極大的火箭彈。

火藥

在中國古代，一批煉丹家在煉丹時發現了火藥。他們把硝石、硫磺、木炭混合在一起，便製成了威猛的火藥。

唐朝初年，醫學家孫思邈記下了當時制火藥的方法。這是對製造火藥方法的最早記錄。唐末，火藥開始用在軍事上。北宋時，火藥的應用更加廣泛，已出現製造火藥的作坊。元代，火藥經過阿拉伯傳入歐洲，從而引起了火器的大發展。

口令

口令是軍人在雙方身分不明或天氣昏暗不清的情況下辨清敵我的一種口頭暗號，一般是以單詞或數字表示。

口令源於古老的中國。在2000多年以前，中國就開始使用口令。西元前525年，吳國軍隊與楚國軍隊交戰，吳軍乘坐的船被楚軍截獲了。在一個漆黑的夜裡，吳軍派三個士兵裝扮成楚兵，混入楚軍當中，以「余皇」為暗號，奪回船隻。從此，口令就開始在軍隊中使用，一直沿襲至今。

騎兵

　　騎兵就是騎馬作戰的部隊。在中國，騎兵源於春秋戰國之交，歷史悠久。據史書記載，在戰國趙武靈王「胡服騎射」以後，中原地區才出現了大規模的騎兵。

　　其實，早在春秋時期，秦穆公的「疇騎」，應該被認為是中國最早的騎兵。只不過當時是以車戰兵為主，騎兵並不突出罷了。「疇騎」，見之於《韓非子・十過》。以往舊注大多為「疇，等也。言馬驕等皆精妙」。

弓箭

　　早在28000年前的原始社會，中國人便製造出了人類歷史上最早的弓箭。弓箭這種器具，在當時主要用於狩獵。原始社會後期，發生了部落戰爭，弓箭便演變為作戰的武器。到了周代，弓箭製作水平逐漸提高。

　　春秋戰國時期，弓箭的製造，已經形成了一系列較完整的工藝，對選材、配料、製作程序以及規格等都有了嚴格的規定。魏國曾專門選拔訓練弓箭兵，產生了極強的戰鬥力。到漢代，弓箭製作越來越精美，大都鑲有銅飾和玉飾，並將毒藥敷於箭鏃之上製作成毒箭，以增加其殺傷力。清代，弓箭形式複雜，種類繁多。

劍

　　最早的劍，是中國西周時期的青銅劍。春秋時期，與中原地區士兵用戈、用矛不同，吳、越等國的步兵都擅長用劍。他們使用的劍，劍身很長。那時候，吳國、越國善於鑄劍，鑄劍技術在全國都處於領先地位，鑄出的寶劍名揚天下。戰國時期，劍身繼續加長，並且鑄出脊部和刃部具有不同銅錫配比的青銅劍。這種青銅劍，脊部很柔和，刃鋒卻很堅利，提高了作戰禦敵的殺傷力。

警察

　　警察原稱巡警，中國首創巡警制度於1902年直隸總督袁世凱。

　　1902年5月，袁世凱在省城保定首創巡警局，下轄五個局，劃分地段，共警千五百人，後發展到三千人。

　　按照《辛丑條約》規定：「天津二十華里內不准駐紮中國軍隊，巡警不在此限。」於是袁世凱擴大巡警力量，作為鎮壓人民，擴張個人權勢，排除異除己分子的工具。

10. 經濟常識

廣告

　　古羅馬商人爭相做生意，常常雇一些人在街頭鬧市大喊大叫，請大家到商品陳列處去購買商品，人們把這種做法稱之為「廣告」。隨著商品的發展，廣告的式樣越來越多。美國紐約百老匯的廣告牌，是世界最早的廣告牌。

　　中國廣告的歷史可以追溯到3000年前。殷商時代，有個叫格伯的人，把馬售給一個叫棚先的人。這筆交易以銘文的形式記錄在專門為刻銘而鑄造的青銅器上。

　　上海博物館藏有一枚宋製針作坊銀牌，上有「請認白兔兒為記」字樣。隨著印刷術的發明，相繼出現了報刊和印刷廣告。可見1000多年前，中國廣告業已很發達。

招牌

　　招牌作為商店的標誌，在中國至少有2300多年的歷史。唐代以後，商業日漸繁盛，商店逐漸普遍地懸掛招

牌，木刻的、銅鐵鑄造的、粉壁書寫的，各式各樣的招牌相繼應運而生，並且加上店主的姓名或另取雅號，而形成了完整的招牌字號。

北宋著名畫家張擇端在《清明上河圖》五米多長的巨幅畫捲上，就畫出了當時汴京（今河南開封）大街上近百家商店各有特色的招牌。

商標

北宋時期，濟南有家姓劉的針鋪店，以石兔作為商標，頗負盛名。這個商標是用銅版印刷的，近似方形，中間繪有白兔搗藥圖，畫像鮮明突出，很吸引人。圖畫的上端橫寫著店名—濟南劉家功夫針鋪，兩側寫有「認門前白兔兒為記」的條幅；圖下擺從左到右寫有關於經商範圍、方法和質量要求的告白：「收買上等鋼條，造功夫細針，不誤宅院使用，客轉為販，別有加饒，清記白。」這簡單生動的文字和圖畫，真不失為是一則典型商標圖案。

國外最早的商標是西元1473年出現在英國倫敦街頭的張貼印刷商標，比中國劉記針鋪商標要晚好幾百年。

名片

早在秦漢之際，人們在拜訪謁見時，就開始用名帖來通報姓名了。但那時還沒有紙張，所以當時的名帖是削竹木而成，上書自己的姓名，西漢時稱作「謁」，東漢時則稱作「刺」。

漢代以後，由於造紙術的發明，開始用紙作名帖了，名帖也相繼被叫做「名」、「名紙」等，但同時沿用了「刺（名刺）」的名稱。清朝才正式有「名片」稱呼。清朝的名片，開始向小型化發展，特別是在官場，官小使用較大的名片以示謙恭，官大使用較小的名片以示地位。

貨棧

魏晉南北朝時，貨棧稱「邸店」，具有給客商提供住宿、存放和推銷貨物的作用，而且數量較多，規模較大。在宋代，貨棧又叫「榻房」，後稱「牙行」，多設在水陸碼頭和鄉鎮一帶。

貨棧自誕生之日起，以其耳目靈通、聯繫面廣的特點，在促進城鄉物資交流，搞好商品流通中，起到了積極作用。

七十二行

「七十二行」是人們比喻社會上的各行各業的說法。據宋周輝撰《清波雜誌》所載，中國唐代的行業為「三十六行」，即：宮粉行、肉肆行、成衣行、玉石行、絲綢行、珠寶行、紙行、鮮魚行、海味行、文房用具行、竹木行、茶行、酒米行、鐵器行、針線行、顧繡行、湯店行、藥肆行、陶土行、扎作行、件作行、巫行、驛傳行、棺木行、故舊行、皮革行、醬料行、網罟行、柴行、花紗行、彩輿行、雜耍行、鼓樂行、花果行等。

徐珂在其著作《清種類鈔・農商類》中說：「三十六行者，種種職業也。就其工而約計之，曰三十六行，倍之則為七十二行，十之則為三百六十行。」田汝成《西湖遊覽志餘》上說：「杭州三百六十行，各有市語。」

由此說來，七十二行、三百六十行等說法並非行業的具體數字，不過是各行各業的概稱而已。

工資制度

真正按月發俸，始於南朝宋元嘉末年。據《南史‧阮長之傳》說：南朝宋以前，郡邑的「官田祿」，以芒種為斷，若在芒種前辭官，則其年祿悉歸後任之官。至元嘉末年（西元450年左右），才按月分俸。在東漢以前，一般俸祿都是發實物（糧食）。到漢殤帝延平年間，才改為半錢半谷，當時稱為「月錢」。到了唐代，則有全部發錢的。但多數還是發實物，稱為「職田年米」。以後歷代相傳，也以發實物居多。到了明代中葉以後，商品經濟有了一定的發展，資本主義萌芽，才全用薪金，當時稱為「月費」，繼而改稱「紫薪銀」。後來稱工資為「薪水」，便是從「紫薪銀」演變而來的。

假日制

中國的假日制度從2000多年前的漢代就開始了。當時官員休息那天，都要沐浴更衣，故稱假日為「沐日」。漢代規定，朝中官員可每5天返家沐浴，所以叫「五日休」。唐朝改為「旬體」，即每10天可休息1天。

在古代，除平時的休息日外，也有節假日。唐代，

中秋節給假3天，清明祭祖給假4天。明代冬至放假3天，元宵節放假10天。清政府對有功人員要賜「賞假」。林則徐患病，道光皇帝降旨賞假3個月。此外，麥收農忙季節也要相應給假。清朝初年，隨著西方傳教士進入中國，「禮拜天」這一宗教用語開始在中國流行，辛亥革命勝利後，開始實行星期日休息制，從此以後，假日制就開始在中國實行。

紙幣為何又稱鈔票

早在11世紀的北宋中期，四川境內的貿易市場上已開始使用一種叫「交子」的紙幣。

繼北宋使用紙幣「交子」之後，南宋使用的紙幣叫「會子」，金代使用的紙幣叫「交鈔」、「寶券」，元代使用的紙幣叫「元寶交鈔」、「通行寶鈔」，明代使用的紙幣叫「大明寶鈔」、「洪武寶鈔」。

到了清代，發行了以銀兩為單位的紙幣叫「戶部官票」，上面印有：「戶部奏行官票。凡願將官票兌換銀錢者，與銀一律並准按部定搭交官項，偽造者依律治罪不貸。」以銅錢為單位的紙幣叫「大清寶鈔」。「戶部官票」與「大清寶鈔」發行以後，民間便把「寶鈔」與「官票」合二為一，簡稱「鈔票」。

大寫數字

明朝初年，郭桓曾任戶部侍郎，他利用職權，勾結地方官吏更改數字大肆侵吞政府錢糧，貪污累計達2400萬石精糧。朱元璋對此大為震驚，他下令將郭桓及同案犯幾萬人斬首示眾。

為了杜絕這類案件的再次發生，朱元璋制定了嚴格的懲治經濟犯罪的法令，並在全國財務管理上實行了一些有效的措施，其中較重要的一條就是把記載錢糧數字的漢字「一二三四五六七八九十百千」改用「壹貳參肆伍陸柒捌玖拾佰仟」。這一方法的實行，防止財務官員亂改數字，堵住了一些帳務管理上的漏洞，對鞏固新生的明朝政權，起到了一定的作用。

到了近代，阿拉伯數字引入中國，財務系統中用它與漢字大寫數字相配合，具有相當大的實用性，因而一直沿用至今。

算盤

西元前600年，中國就有了「算板」。古人把10個算珠串成一組，一組組排列好，放入框內，然後迅速撥

動算珠進行計算。東漢末年，徐岳在《數術記遺》中記載，他的老師劉洪訪問隱士天目先生時，天目先生解釋了14種計算方法，其中一種就是珠算，採用的計算工具很接近現代的算盤。這種算盤每位有5顆可動的算珠，上面1顆相當於5，下面4顆每顆當作1。

隨著算盤的使用，人們總結出許多計算口訣，使計算的速度更快了。這種用算盤計算的方法，叫珠算。到了明代，珠算不但能進行加減乘除的運算，還能計算土地面積和各種形狀東西的大小。由於算盤製作簡單，價格便宜，珠算口訣便於記憶，運算又簡便，所以在中國被普遍使用，並且陸續流傳到了日本、朝鮮、美國和東南亞等國家和地區。

古幣銅錢中間方孔

銅錢中間有方孔是由當時的工藝條件所決定的。鑄幣的時候，先把銅熔化，然後注入模中，由於古代鑄幣技術的限制，錢的邊緣總有許多毛刺，既不美觀又不方便使用，然而要去掉這些毛刺，必須靠銼刀加工，一次不能只銼一個，必須把錢串起來銼才省時省工，而要把錢串起來，錢中間則必須留有一孔。

但是，如果留下圓孔，穿在棍上的錢就會滾動，這樣便有礙操作，因此留下方孔，把錢穿在方形棍上，錢就不會轉動了。正是由於這個緣故，古代的銅錢才在中部留有方孔。

中國最早的貨幣與紙幣

中國最早的貨幣是貝殼。貝殼是隨著商品交換的發展而充當一般等價物中的一種主要的，也是最早的原始貨幣。中國最早的紙幣是交子。交子產生於宋朝初期。交子上有圖案、密碼、花押、圖章等印記。可流通，也可兌換。

元寶

在中國正式把金銀稱作「元寶」，始於元代。元代稱呼金銀錢為「元寶」，是元朝之寶的意思，黃金叫做金元寶，銀錠叫做銀元寶。

1276年，元朝大軍滅南宋後，回至揚州，丞相顏伯以將士掠奪無度，下令搜檢部隊行李，將所得撒花銀子統統銷鑄作錠，歸朝獻納。經辦此事的銷錢官依金代銀

錠成例，製成每重五十兩的銀錠，取名「揚州元寶」，呈給世祖忽必烈。當時所鑄元寶形呈馬鞍，兩端圓弧，中間束腰，在形制上與南宋和金的銀錠十分相近。「揚州元寶」在後世多有出土，一般長約14.5公分，厚3公分。背部鐫有「元寶」陰文大字。

白銀

在中國白銀的發現和使用都遲於黃金，白銀作為幣材是漢武帝以後的事，作為稱量貨幣熔鑄成各種形狀以便支付，始於唐宋。

元人認識白銀，早在成吉思汗時代，當時蒙古與地中海岸的土耳其斯坦等貿易關係密切，商隊往來也十分頻繁，交易中使用通行的花剌子模銀幣；入主中原後即提高了白銀的貨幣職能。雖然元初時朝廷曾明令禁止民間流通和買賣金銀，但百姓之間的借貸、日常交易甚至勞務報酬的支付等等以銀計價，已成家常便飯。

銀錢的重要性體現在政府確立紙幣制度後，是以白銀為本錢來保證紙幣發行的。一個明顯的現象是，最初行用寶鈔時還以折合銀錠計算，後來索性逕自用錠為單位來衡量寶鈔。元帝國愛銀之甚，由此可見。

萬貫是多少

　　古時的銅錢一般是用繩子穿著的，每1000枚銅錢叫「一貫」。西元1375年，明朝發行了紙制「大明通行寶鈔」，面額為「壹貫」。當時，壹貫等於銅錢1000枚或白銀1兩，或黃金1/4兩。由此換算，萬貫等於黃金2500兩，的確是一筆為數不少的財富了。

 11. 飲食常識

中國古代十大名廚

伊尹——為商朝輔國宰相，商湯一代名廚，有「烹調之聖」美稱，「伊尹湯液」為人傳頌千年不衰。

易牙——也名狄牙，為春秋時期名巫、著名廚師，精於煎、熬、燔、炙，又是調味專家，得寵於齊桓公。

太和公——為春秋末年吳國名廚，精通水產為原料的菜餚，尤以炙魚聞名天下。

膳祖——為唐朝一代女名廚。段成式編的《酉陽雜俎》書中名食，均出自膳祖之手。

梵正——為五代時尼姑、著名女廚師，以創製「輞川小祥」風景拼盤而馳名天下，將菜餚與造型藝術融為一體，使菜上有山水，盤中溢詩歌。

劉娘子——為南宋高宗宮中女廚，歷史上第一個宮廷女廚師，稱為「尚食劉娘子」。

宋五嫂——為南宋著名民間女廚師。高宗趙構乘龍舟西湖，曾嘗其魚羹，讚美不已，於是名聲大振，奉為膾魚之「師祖」。

　　董小宛——明末清初秦淮名妓，善制菜蔬糕點，尤善桃膏、瓜膏、醃菜等，名傳江南。現在的揚州名點灌香董糖、卷酥董糖，為她所創製。

　　蕭美人——清朝著名女點心師，以善制饅頭、糕點、餃子等點心而聞名，袁枚頗為推崇她，《隨園食單》中盛讚其點心「小巧可愛，潔白如雪」。

　　王小余——清代乾隆時名廚，烹飪手藝高超，並有豐富的理論經驗。袁枚《隨園食單》有許多方面得力於王小余的見解。

全聚德

　　「全聚德」原本叫做「德聚全」，是個位於前門大街賣乾鮮果品的店舖。可不知怎的，生意江河日下，最終倒閉了。

　　清朝1864年，一位早先經營生雞生鴨的小販名叫楊全仁的河北冀縣人，將此店舖買了過來，開始經營烤鴨和烤爐肉。開業前，一位風水先生圍著新店轉了兩圈後站定說：「這是塊風水寶地，前程不可限量，只是此店以前甚為倒運，要想沖其晦氣，除非將『德聚全』的舊字號倒過來，稱作『全聚德』，新字號才能上坦途。」

　　楊全仁一聽正合心意，一來自己名字中佔有一個「全」字，二來「聚德」意為聚攏德性，可以標榜店舖做買賣講德性。於是請當時的書法家錢子龍書寫了牌匾，聞名中外的老字號「全聚德」就這樣誕生了。

都一處

　　「都一處」是北京最古老的飯莊之一，它開業於1738年，有240多年的歷史。它之所以出名，也在於店名來歷的傳說。

　　據說有一年三十晚上，幾個無家可歸的窮漢，在這個店舖裡吃酒，以燒賣當五更餃子過年。大家正在吃著，突然從外面進來一個儒士，坐下來要酒要菜，還特別點了燒賣。由於三十晚上顧客不多，店裡照顧這個客人就格外仔細。這人雖然平民打扮，但是談吐不俗，不時和大家談東說西，他邊吃邊稱讚燒賣做得好，餡大皮薄，鮮美可口。

　　吃完後，便問掌櫃的，鋪子叫什麼字號？掌櫃的說：「買賣小，還沒個字號，請客官起個名字吧！」那人說：「全城的鋪子都關了門，只有你一家還做生意，你就叫『都一處』吧。」說完，那人付錢後就走了。過

了幾天，有一群太監帶人送了一塊虎頭匾來，上面寫著
「都一處」，並說是當今皇上賞的。

　　掌櫃誠惶誠恐，連忙望空叩謝。大家這才知道三十
晚上最後來的那位酒客，原來是微服出宮的乾隆。打這
以後，都一處的燒賣也就出了名。

六必居

　　「六必居」是北京著名的老字號之一，明朝嘉靖九
年開業，至今已有450多年歷史。

　　據說「六必居」三個大字，是明朝宰相嚴嵩的手跡。

　　為什麼嚴嵩以宰相之尊，給小店舖親筆寫匾呢？這
是因為嚴嵩的家人常來此買酒，時間長了，六必居店主
與這個家人混熟了，便請他代求嚴嵩題塊匾。家人又怕
嚴嵩不寫，便求嚴嵩夫人幫忙。夫人也怕被拒絕。一個
丫鬟獻了條妙計：請夫人在每天嚴嵩回府前，一遍一又
一遍地書寫「六必居」三個字。

　　一天，嚴嵩飲酒歸來，醉意朦朧，回家見夫人又在
那裡書寫「六必居」三字，字寫得歪歪扭扭，一氣之下
便拿起筆來，濃墨寫下「六必居」三個字。嚴嵩的那位
家人將它送到六必居，店家如獲至寶，立即製成匾掛在

店中。如今，它積幾百年之經驗，以獨特的方法醃製醬菜。那醬菜出缸後顏色光澤出眾，清脆適口，味鮮香甜。這一老字號也聞名中外。

狗不理

狗不理包子是由清末天津武清縣的一位農民創製的。他大名叫高貴友，小名狗子。狗子是一個有心人，他研究了天津好多家的包子，把它們的優點集中起來，把發麵改為半發麵，把硬餡改為水餡。這一改，包子味道鮮美，而且價格便宜。這樣一來，食客相互稱頌，顧客越來越多。

由於生意越來越紅火，狗子越來越忙，沒有工夫像過去那樣和窮哥們打招呼，老朋友便叫他「狗不理」。這狗子聽後不但不生氣，反而將包子鋪改名「狗不理」了。從此，這個招牌也就聞名天下。

酒

我們的祖先最早是在偶然的機會中發現含糖的野果會自然發酵成酒的。《戰國策·魏二》曾記載有禹帝女

儀狄造酒進獻給禹的故事。《詩‧大雅‧既醉》中說：
「既醉以酒，既飽以德」。由此可知，到了春秋戰國時
期，在祭祀、會盟、慶祝勝利、接待使者等場合中，酒
成為必不可少的飲料。

　　中國最早使用穀物來釀酒，並且還發現要提高酒中
的酒精濃度，只要在發酵過程中不斷加進煮熟的並經過
浸泡的穀物即可。後來，這種技術流傳到日本，然後傳
播到世界各國。

中國的十大名酒

　　貴州茅台、五糧液、西鳳酒、雙溝大麴、洋河大
麴、古井貢、劍南春、瀘州老窖特麴酒、汾酒、董酒。

茅台酒

　　名甲天下的茅台酒，是以其產地茅台村而命名的。
從清朝末年起，因茅台酒聲名日震，人口大增，遂改茅
台村為茅台鎮，一直沿用至今。茅台酒是在1915年於巴
拿馬國際博覽會上獲金質獎而在世界上馳名的。在那次
博覽會上，因為茅台酒裝潢很差，加上當時中國的國際

地位很低，被西方人瞧不起，因而未被列為評比的品種。中國的一名商人急中生智，故意將一瓶茅台酒摔碎在地上。頓時，香氣四溢，商界大嘩，茅台酒終於享受到它應有的國際聲譽。

五糧液

四川宜賓是「五糧液」酒的故鄉，釀造名麴酒已有一千多年的歷史了。

清朝時期，年羹堯兼理川陝兩省總督，試著用高粱、大米、蕎麥、麥子等幾種糧食為原料釀造出了一種味長而醇香可口的「雜糧酒」。

20世紀初，鄧子均用紅糧、大米、糯米、麥子、玉米五種糧食為原料，釀造出了香濃味正的「雜糧酒」。並以「春花」二字命名。後來，鄧子均為擴大銷路，攜「春花」酒數瓶前往團練局長雷東恆家。在賓客席上開瓶細品，一致認為色味均佳，讚美不已。但都認為此酒以「春花」名之，俗而平。即讓團練局文書楊惠泉重新取名。

楊惠泉詢問了釀酒情況，沉吟片刻說：「此酒用五種糧食釀成，就取名『五糧液』吧！」從此，這種「雜糧酒」便以「五糧液」之名享於世人，流芳至今。

西鳳酒

　　西鳳酒原名柳林酒，是中國十大名酒之一，清朝宣統二年參加「南洋萬國賽會」獲獎牌，受到各國品酒專家的交口稱讚。

　　傳說唐代儀鳳年間，吏部侍郎裴行儉歡送出使長安的波斯王子回國，來到扶風郡雍縣的十里長亭，發現路上蜜蜂、彩蝶紛紛落地不起，覺得非常好奇。經向路人攀問，得知附近的柳林鎮有一家酒坊剛從地下挖出一罈窖藏老酒，氣味濃香無比，酒味隨風飄散，從而導致蜂蝶聞酒醉倒，臥地不起。

　　後來郡守便把這罈美酒送給裴侍郎。裴侍郎非常高興，即興吟詩一首：「送君亭子頭，蜂醉蝶不舞。三陽開國泰，美哉柳林酒。」回朝後，裴侍郎又將這罈美酒獻給高宗皇帝，從此柳林酒便身價百倍，被列為朝宴、國宴佳釀。因該酒產自西部鳳翔，後來被改稱「西鳳酒」，一直沿襲至今。

▌竹葉青 ▌

　　竹葉青是杏花村酒廠的名品。它是由汾酒加上竹葉等12種香料和冰糖等配製而成，酒味美甘潤，馳名中外。民間傳說反映了它的發明過程。

　　傳說山西酒行每年都要舉行一次酒會，各種新酒請眾人品嚐，以便排列名次。這年，酒會又要開了，一家酒坊老闆讓兩個夥計抬上一罈新酒先去，自己隨後就到。

　　這兩個夥計抬到半路汗水淋漓，遇一片竹林，便去歇涼，這兩個夥計嗜酒如命，便偷偷開罈將酒喝了一半，然後抬上又走。當走到一片竹林，見石根下有一灣水，便用水把罈裡灌滿。

　　他們的酒抬到了酒會上，大家一嘗，都說好酒，評比結果，名列第一。酒坊老闆自己一嘗發現此酒比自己釀得酒要更好，便追問那兩個夥計，夥計說了實話，酒坊老闆知道那竹泉是釀酒的好水，便去找那竹泉。找到後，在那開了一口井，將酒坊遷去，釀起酒來。從此，便釀出一種綠晶晶、青澄澄的好酒。因其色如竹葉，就叫成竹葉青了。

劍南春

四川名酒「劍南春」的前身是「綿竹大曲」，綿竹大曲改為「劍南春」，這和著名詩人龐石帚有關。

20世紀50年代，龐石帚在四川大學任教。有一次，龐先生邀請幾位忘年交朋友到家裡一聚。「你們幾位都不是四川人，今天，我就讓大家嘗嘗四川的名酒！」龐先生邊說邊拿出了一瓶酒。

「噢，是綿竹大曲！」一位朋友看了酒瓶上的包裝後說道。

那狀若清露、味醇香馨的佳釀，贏得朋友們的稱讚。

「此酒真乃美酒，只是……」一位朋友搖搖頭。

「只是什麼？但說無妨！」龐先生道。

「只是這個酒名不太好聽，美酒該有美名呀！」

龐先生微微一笑，點了點頭。朋友的建議打動了詩人的心。

三天後，龐先生將寫好的「劍南春」三個大字交給了綿竹酒廠。

「『劍南』二字，點出美酒產自劍門雄關之南的綿竹，令人聯想起沃野阡陌的天府平原；一個『春』字，乃是古為今用，蘇東坡曾經說過『唐人酒多以春名』，

此字催人領略美酒的魅力，給人以春天的啟示。」

詩人娓娓動聽的解釋，令眾人讚不絕口。此後，綿竹大曲便改名為「劍南春」。

茶

在4000多年以前的原始社會，炎帝就發現了「苦茶」，也就是茶。1000多年以後，人們又稱「苦茶」為「檟」（音jia），當時《爾雅・釋木》篇裡很明確地把「檟」解釋為「苦茶」，這裡的「茶」字就是現在的「茶」字。

東晉時期，人們開始將茶作為飲料。674年，竟陵人陸羽開始寫作中國第一部研究茶的專著《茶經》。《茶經》一書，從採茶、製茶到包裝都有詳細的描寫，就連用什麼水泡茶也很有研究。

後來，宋徽宗的《大觀茶論》，進一步把製茶工藝詳細分為20條。如今，茶葉已是人們非常喜愛的飲料之一。

中國茶分為六大類

一、綠茶，為未發酵茶葉，品種包括龍井、碧螺春、珠茶、毛峰等。

二、黑茶，為重發酵茶葉，品種包括普洱、六安等。

三、青茶（烏龍茶），為半發酵茶葉，品種包括鐵觀音、福建烏龍、台灣烏龍、大紅袍、武夷水仙、鳳凰水仙等。

四、紅茶，為全發酵茶葉，品種有祁門紅茶。

五、白茶，為輕發酵茶葉，品種包括銀針白毫、白牡丹、壽眉等。

六、黃茶，為輕發酵茶葉，品種有君山銀針。

燕窩

燕窩是金絲燕靠喉部分泌出的大量濃厚黏性唾液凝結而成的巢窩，其形狀多呈半圓形，有如人耳，深2.5至3.5公分，內徑5.8公分左右，多築在懸崖峭壁之上。

金絲燕第一次築的窩，質量最好，稱為「官燕」。當牠第一次築的窩被人摘走後，牠再築窩時唾液已沒有第一次多，純度和黏性也差了。牠第二次築的窩，大多

是牠啄下自己身上的絨羽，與唾液混合起來築成的，營養成分減少，經濟價值降低。這種窩被列入次品，稱為「毛燕」。

元宵

元宵最早出現在宋朝。那時民間流行著一種元宵節吃的新鮮食品，即用各種果餌做餡，外面用糯米粉搓成球，煮熟後食用。這種食品吃起來香甜可口，所以得到廣大人民的喜愛。因為這種食品在元宵節才供應，於是被稱為元宵。

1912年，袁世凱篡奪革命果實，當上了民國總統。因為「元」和「袁」、「宵」和「消」同音，「袁消」有「袁世凱被消滅」之嫌，所以顯得很不吉利。在1913年元宵節前，袁世凱下令把元宵改為湯圓。袁世凱垮台後，部分地區又恢復了元宵的名稱。

年糕

西元前484年，闔閭死後，其子夫差接位。夫差是個好大喜功之人，他一心想討伐齊國，稱霸中原。伍子

胥屢次勸諫，夫差不但不聽，而且十分惱怒。

伍子胥預料到自己將有殺身之禍。他悄悄地對幾個親信說：「我死之後，如果國家有難，民眾沒有糧食吃，你們到象門城牆下挖地三尺，可以找到能吃的東西。」不久，奸臣誣陷伍子胥私通齊國，夫差不分青紅皂白，賜寶劍一把，逼伍子胥自盡。

伍子胥死後，越國趁機進攻吳國，將吳國都城團團圍住。城中軍民處於糧盡援絕的困境，伍子胥的幾個老部下突然想起伍子胥生前的囑咐，便帶領軍民們去象門挖地，結果挖到了許多可以充飢的「城磚」。

原來，象門一帶的城磚是用糯米粉蒸煮後壓成的。這種糯米磚十分堅韌，既可作磚砌城，又可充飢。這是伍子胥生前暗地設下的「積糧防急」之計。吳國都城的軍民就用這些「城磚」充飢，渡過難關。

從此以後，每逢過節，百姓們都要蒸煮糯米糕，紀念伍子胥。因為這種形如城磚的糯米糕是過年吃的，人們就把它稱為「年糕」。

粽子

端午節吃粽子，始於紀念屈原。西晉周處的《風土記》中記載，當時的粽子中除了黏米，還有粟、棗等配

料。唐代，粽子已成為節日期間市場上的美味食品，長安有專門製作、經營粽子的店，而且技藝相當高。

到了宋代，粽子名目漸多。明弘治年間，用蘆葉裹粽子，粽餡也多起來了，有蜜糖、豆沙、豬肉、松仁、棗子、胡桃等。到了清代乾隆年間，更出現了「火腿粽子」。

經過了千百年的發展，如今粽子越來越豐富。粽子不但是端午節的美味，而且成為平時食用的方便食品。

餃子

餃子源於古代的角子。早在三國時期，魏張揖所著的《廣雅》一書中，就提到這種食品。後來，更出現了南北朝至唐朝時期的「偃月形餛飩」和南宋時的「燥肉雙下角子」。

清朝有關史料記載說：「元旦子時，盛饌同離，如食扁食，名角子，取其更歲交子之義。」又說：「每屆初一，無論貧富貴賤，皆以白面做餃食之，謂之煮餑餑，舉國皆然，無不同也。富貴之家，暗以金銀小錁藏之餑餑中，以卜順利，家人食得者，則終歲大吉。」這說明新春佳節人們吃餃子，寓意吉利，以示辭舊迎新。

近人徐珂編的《清稗類鈔》中說：「中有餡，或謂之粉角一而蒸食煎食皆可，以水煮之而有湯叫做水餃。」

油條

南宋皇帝趙構和丞相秦檜，於1142年殺害了抗金英雄岳飛和他的兒子岳雲。消息傳出，引起了廣大愛國人士的憤恨。

有一天，汴梁兩個油餅小販談到此事，他們氣憤地說：「炸了他們才洩恨呢！」於是，二人用麵捏成秦檜及其夫人王氏，並用筷子將兩個面人壓在一起，投入油鍋，做成一種食品。他們把這種食品稱為「油炸檜」。

從此，「油炸檜」成為國內流行的食品。隨著歷史的推移，這種食品的製作過程有所簡化，叫法也通稱為「油條」了。但有的地方仍沿用「油炸檜」的叫法，還有的地方叫「炸果子」，「果」就是「檜」字的音變。

點心

西元1130年，金兵大舉南侵，渡過長江，佔領了建康和臨安。愛國人士奮起抗金，迫使金兵向北潰退。當

時駐防鎮江的愛國將領韓世忠、梁紅玉夫婦趁機率八千精兵在黃天蕩阻擊金兵，將10萬金兵在黃天蕩內圍困了48天。

勝利後，梁紅玉命令烘製民間的美味糕餅慰勞前線將士，以表示自己的「點點心意」。自此以後，「點心」的名字便傳開了。

月餅

月餅最早出現在唐代。到了宋代，食用月餅的風氣越來越盛。月餅成為中秋節祭拜月亮時最主要的物品，祭月後，月餅由全家人分食。由於月餅象徵團圓，有的地方也將月餅稱為「團圓餅」。蘇東坡詩云：「小餅如嚼月，中有酥和飴。」看來當時的月餅已和現在的月餅頗為相近。

明代，出現了一個和月餅有關的民間傳說。元朝末年，階級矛盾激化。足智多謀的劉基為了祕密發動群眾，把在農曆八月十五日晚上約期起義的祕密傳單，放在月餅內。當參加起義的群眾吃到月餅時，就知道起義行動時間，從而一呼百應，群起反抗元朝統治者。從此，月餅的名氣就更大了。

春捲

在東晉時期，就出現了春捲，那時叫「春盤」。人們每逢立春，就將麵粉製成的薄餅攤在盤中，加上精美蔬菜，所以稱為「春盤」。

到了唐宋，食用「春盤」風氣越來越盛行。著名詩人杜甫的「春日春盤細生菜」和陸游的「春日春盤節物新」等詩句，都反映了人們喜食春盤的生活習慣。

到了清代，人們不論富貴、貧賤，都多食春餅。清代富察敦崇在《燕京歲時記·打春》中記載：「是日富家多食春餅，婦女等多買蘿蔔而食之，曰咬春，謂可以卻春睏也。」當時，吃春餅象徵著求福祈壽，消災去難。隨著烹調技術的發展和提高，「春餅」又演變成為小巧玲瓏的春捲了。

沙其瑪

「沙其瑪」一詞，始見於清朝大學士傅恆所著《御制增訂清文鑑》一書，其中寫道：「沙其瑪，把白麵經芝麻油炸後，於糖稀中摻和。」

17世紀，清王朝建立，滿洲眾百姓從容入關。滿漢

人民開始雜居，風俗習慣與語言詞彙愈來愈多地交流、融合。沙其瑪作為一種民族風味的食品，也逐漸被漢族人民所接受。其實，沙其瑪的漢名叫「糖纏」，這可見於《清文補匯》一書。但這個名稱沒有叫起來，而沙其瑪卻成了滿漢兩族人民共同使用的名稱，一直沿用到了今天。

涮羊肉

700多年前，忽必烈征討敵人。在路上，他忽然想吃清燉羊肉。廚師急忙殺羊剝皮，剔骨割肉。這時，有人報告：「敵軍鋪天蓋地而來，離此不遠了。」兵貴神速，忽必烈要儘快吃飯，好帶兵打仗。

聰明的廚師想出一個辦法，他在羊肉上揀一個好部位，切成薄片，放在煮沸的水中，用勺子草草地攪一下，便撈到碗裡，加上點鹽，送到忽必烈的面前。當時，忽必烈感到這肉片格外鮮嫩。待忽必烈勝利回朝後，重賞廚師，御賜菜名為「涮羊肉」。

涮羊肉進入大城市是在明代，當時稱為「生爨羊」。17世紀中葉的清宮膳食單上已有「羊肉片火鍋」之名，並將此菜置於眾多菜餚之首。

榨菜

光緒年間，四川涪陵有個叫邱壽安的商人，在湖北宜昌開設榮昌醬園，同時經營四川大頭菜。可是不知怎麼回事，他的生意十分清淡。後來，他僱傭四川中縣人鄧炳成在老家涪陵做醃菜工。

鄧炳成很聰明，他把肥嫩的青菜頭醃製成新的蔬菜。由於這種菜在醃製過程中經風乾、脫水，使用了木榨壓、除鹽水的製作方法，所以稱為榨菜。結果，榨菜一上市，就受到廣大群眾的熱烈歡迎。從此以後，榮昌醬園生意興隆。

豆腐

傳說西漢時期，淮南王劉安喜歡黃老之術，在淮南朝夕修練。陪伴他的道士，常年吃素。為了改善伙食，這些道士就悉心研製出了鮮美的豆腐，並且獻給劉安。劉安一嘗，果然好吃，就下令大量製作。這樣，豆腐的發明權就記在淮南王劉安的名下了。

黃山茶道

黃山人的茶禮，還逐漸形成系統的禮規，俗稱「茶道」。它講究以茶立德，以茶陶情，以茶會友，以茶敬賓；注重環境、氣氛，追求湯清、氣清、心清和境雅、器雅、人雅。茶道的主要程序有：

1. 靜氣（排除雜念）。

2. 烹湯（一般用瓦器、錫壺）。

3. 焚香（敬茶神陸羽）。

4. 滌器（用白瓷茶盞，洗淨擦乾）。

5. 燙盞。

6. 賞茶（察茶色、觀茶形、聞茶香）。

7. 投茶（3-5克為宜）。

8. 洗茶（用初沸水少許浸潤茶葉，後將湯汁棄去）。

9. 注湯。

10. 敬茶。

11. 聞香。

12. 觀色。

13. 品位。

14. 上食（奉上豆乾絲、水果等食品，以佐品茶）。

白族三道茶

白族三道茶，白族稱它為「紹道兆」。這是一種賓主抒發感情，祝願美好，並富於戲劇色彩的飲茶方式。喝三道茶，當初只是白族用來作為求學、學藝、經商、婚嫁時，長輩對晚輩的一種祝願。如今，應用範圍已日益擴大，成了白族人民喜慶迎賓時的飲茶習俗。

第一道茶，稱之為「清苦之茶」，寓意做人的哲理：「要立業，先要吃苦」。第二道茶，稱之為「甜茶」。第三道茶，稱之為「回味茶」。

新疆奶茶

奶茶是新疆少數民族日常生活中不可缺少的飲料。奶茶的原料是茶和牛奶或羊奶。奶茶的一般做法是：先將磚茶搗碎，放入銅壺或水鍋中煮，茶燒開後，加入鮮奶，沸時不斷用勺揚茶，直到茶乳充分交融，除去茶葉，加鹽即成。但也有不加鹽的，只將鹽放在身邊，根據每個人的口味放入鹽量。

滿漢全席

滿漢全席是中國一種具有濃郁民族特色的巨型宴席。既有宮廷菜餚之特色，又有地方風味之精華；突出滿族菜點特殊風味，燒烤、火鍋、涮鍋幾乎不可缺少的菜點，同時又展示了漢族烹調的特色，扒、炸、炒、溜、燒等兼備，實乃中華菜系文化的瑰寶。滿漢全席原是官場中舉辦宴會時滿人和漢人合坐的一種全席。

滿漢全席上菜一般起碼一百零八種（南菜54道和北菜54道），分三天吃完。滿漢全席菜式有鹹有甜，有葷有素，取材廣泛，用料精細，山珍海味無所不包。

滿漢全席——蒙古親潘宴

此宴是清朝皇帝為招待與皇室聯姻的蒙古親族所設的御宴。一般設宴天正大光明殿，由滿族一、二品大臣坐陪。歷代皇帝均重視此宴，每年循列舉行。而受宴的蒙古親族更視此宴為大福，對皇帝在宴中所例賞的食物十分珍惜。《清稗類鈔‧蒙人宴會之帶福還家》一文中說：「年班蒙古親王等入京，值頒賞食物，必之去，曰帶福還家。若無器皿，則以外褂兜之，平金繡蟒，往往湯汁所沾，淋漓盡，無所惜也。」

滿漢全席──廷臣宴

廷臣宴於每年上元後一日即正月十六日舉行，是時由皇帝親點大學士，九卿中有功勳者參加，固興宴者榮殊。宴所設於奉三無私殿，宴時循宗室宴之禮。皆用高椅，賦詩飲酒，每歲循例舉行。蒙古王公等皆也參加。皇帝藉此施恩來攏絡屬臣，而同時又是廷臣們功祿的一種象徵形式。

滿漢全席──萬壽宴

萬壽宴是清朝帝王的壽誕宴，也是內廷的大宴之一。后妃王公，文武百官，無不以進壽獻壽禮為榮。其間名食美饌不可勝數。如遇大壽，則慶典更為隆重盛大，系派專人專司。衣物首飾，裝潢陳設，樂舞宴飲一應俱全。

光緒二十年十月初十日慈禧六十大壽，於光緒十八年就頒布上諭，壽日前月餘，筵宴即已開始。僅事前江西燒造的繪有萬壽無疆字樣和吉祥喜慶圖案的各種釉彩碗、碟、盤等瓷器，就達二萬九千一百七十餘件。整個慶典耗費白銀近一千萬兩，在中國歷史上是空前的。

滿漢全席——千叟宴

千叟宴始於康熙，盛於乾隆時期，是清宮中的規模最大，與宴者最多的盛大御宴。康熙五十二年在陽春園第一次舉行千人大宴，玄燁帝席賦《千叟宴》詩一首，固得宴名。乾隆五十年於乾清宮舉行千叟宴，與宴者三千人，即席用柏梁體選百聯句。嘉慶元年正月再舉千叟宴於寧壽宮皇極殿，與宴者三千五十六人，即席賦詩三千餘首。後人稱謂千叟宴是「恩隆禮洽，為萬古未有之舉」。

滿漢全席——九白宴

九白宴始於康熙年間。康熙初定蒙古外薩克等四部落時，這些部落為表示投誠忠心，每年以九白為貢，即：白駱駝一匹、白馬八匹。以此為信。蒙古部落獻貢後，皇帝設御宴招待使臣，謂之九白宴。每年循例而行。後來道光皇帝曾為此作詩云：四偶銀花一玉駝，西羌歲獻帝京羅。

滿漢全席──節令宴

節令宴系指清宮內廷按固定的年節時令而設的筵宴。如：元日宴、元會宴、春耕宴、端午宴、乞巧宴、中秋宴、重陽宴、冬至宴、除夕宴等，皆按節次定規，循例而行。

滿族雖有其固有的食俗，但入主中原後，在滿漢文化的交融中和統治的需要下，大量接受了漢族的食俗。又由於宮廷的特殊地位，逐使食俗定規詳盡。

其食風又與民俗和地區有著很大的聯繫，故，臘八粥、元宵、粽子、冰碗、雄黃酒、重陽糕、乞巧餅、月餅等儀器在清宮中一應俱全。

早茶

談及廣東的傳統文化，早茶是其中濃墨重彩的一筆。廣東早茶的來源，要追溯到咸豐同治年間。當時廣州有一種名為「一厘館」的館子，門口掛著寫有「茶話」二字的木牌，供應茶水糕點，設施簡陋，僅以幾把木桌木凳迎客，聊供路人歇腳談話。

後來出現了茶居，規模漸大，變成茶樓，此後廣東

人上茶樓喝早茶蔚然成風。直到今天，廣東早茶中茶水
已經成為配角，茶點卻愈發精緻多樣，這種傳統文化隨
著廣東經濟的迅速發展不但沒有消失的跡象，反而越來
越成為廣東人休閒生活中一道亮麗的風景線。

12. 交通常識

▌ 輪船的由來 ▌

　　在中國唐代，李皋把船的舷側或尾部裝上帶有葉的槳輪，靠人力踩動槳輪軸，使輪軸上的槳葉撥水推動船體前進，發明了「槳輪船」。

　　19世紀初，美國人富爾頓發明蒸汽機船，用蒸汽機為動力代替人力帶動槳輪。後來，螺旋槳推進器取代了槳輪，「槳輪船」被淘汰。因為稱呼上的習慣，用螺旋槳推進的船仍稱為「輪船」。

▌ 怎樣區分艇、艦、船 ▌

　　艇和艦是用載重量來區分的，艦一般說載重量在五百噸以上；而艇就是說載重量在五百噸以下。艦和艇都用在軍用船隻上，但是我們造船界習慣以軍船和民船來稱呼。

　　在海上航行的建築物，統稱為船，包括海洋工程也

可以稱之為船。船這個詞現在在造船界已經不使用了，多以遊船取而代之，顧名思義就是用來遊覽的。

中國古代著名水利工程

都江堰、寧夏古渠灌、通惠河、永濟渠、鄭國渠、龍首渠、安豐塘、黃河大堤、海堤。

中國古代兩條著名通航運河

靈渠、大運河。

中國古代水利經典著作及水利專家

宇宙未有之奇書——《水經注》、《山海經》

戰國時代水利專家——管子

元代水利科學家——郭守敬

功績卓著的治水大臣——林則徐

漕運四河

北宋京都開封府（今河南開封市）有汴渠、黃河、惠民、廣濟四水，可通漕運，時稱「漕運四河」。是當時汴京的重要交通要道。一說四水中有金水而無黃河，不過金水雖流貫開封，但是不通漕運，僅供皇城內苑用水兼作城民汲用。所以應該以黃河為漕運四河之一。

中國古代路名

帝堯時，路名「康衢」。

西周時，路按等級命名，「路」容乘車三軌，「道」容二軌，「塗」容一軌，「徑」為走馬的田間小路。

「秦治馳道」為中國交通史上空前大的工程。「馳道」又名「真道」，為天子車馬之道。又廣築非官道。秦漢以後歷朝，路名「馳道」或「驛道」，元稱「大道」。清稱「大路」。

1913年後中國各省建現代公路，叫做「汽車路」，以後就統一稱「公路」了。

13. 稱謂常識

皇帝

　　從秦始皇開始，中國君主才開始稱為「皇帝」。在此之前，中國最高統治者先稱「皇」，再稱「帝」。後來稱「王」。秦王嬴政統一天下後，自認為建立了萬古未有的功業，甚至連三皇五帝也不如他。如果不改變「王」的稱號，「無以稱成功，傳後世」。秦王覺得自己「德高三皇，功高五帝」，決定兼采「皇」、「帝」的稱號，稱為「皇帝」。他自號始皇帝，規定自己的繼任者稱二世皇帝、三世皇帝，以至千世萬世。自此，「皇帝」的稱號為歷代君主所襲用。

陛下

　　臣下對君主的尊稱，秦以後只用以稱皇帝。陛為宮殿台階。據東漢蔡邕《獨斷》：「謂群臣與天子言，因距離遠，先呼立陛側近臣與之言，由彼上達。」陛下之稱，即由此而來。

聖上

封建時代臣民對在位的皇帝的尊稱。

萬歲

在中國封建社會裡，「萬歲」一詞是最高統治者的代名詞。但是，「萬歲」一詞最早不是用於稱呼皇帝的。

在西周、春秋時，「萬年無疆」、「眉壽無疆」等是人們常用的頌詞和祝福語。皇帝被稱為「萬歲」，是始於漢武帝時的。

殿下

殿下一般是對太子、親王、皇太后、皇后的尊稱。他們生活起居在宮殿之中，所以有此稱謂。例如，南北朝時丘遲《答陳伯之書》：「中軍臨川殿下，明德茂親」中的殿下，即指臨川郡王蕭宏。但是殿下主要用於太子和親王。

太上皇

漢高祖劉邦做了皇帝，便衣錦還鄉，以示鄉里。當他去拜見自己的父親太公，太公挾著掃帚站在門口，倒退著將劉邦迎入家門。劉邦見到此情此景，心裡非常不快，急問因何事竟至如此？

太公說：「您貴為天子，誰敢不敬？我雖是您父親，也不過是一個平頭百姓。平頭百姓不敬皇帝，可是要殺頭的啊！」

劉邦好說歹說，太公堅持不聽。事後，有人講到秦始皇曾封死去的父親為「太上皇」，建議封太公為「太上皇」。劉邦聽了極為滿意，馬上舉行大典，將太公扶上「太上皇」之位。

稱「太上皇」，而不稱太上皇帝，是因為這只是對活著的父輩的尊重，而且父輩並不參與治理國政。自此以後，「太上皇」這一稱呼就成了一種制度，歷代諸帝都沿用這種做法。

有些皇帝在活著的時候，就將皇位傳給了後人，後人做了皇帝後，退了位的皇帝也被尊為「太上皇」。

宰相

早在商周時代，就已經出現了太宰、尹、太師等官職，起著輔佐天子管理國家的作用，但不具備後來宰相的權勢。到了春秋戰國時期，相的名稱開始出現。

在諸侯國之中，秦國最早設置丞相之職。由於商鞅變法非常徹底，秦國飛速發展，是戰國時期第一個設立郡縣制的國家。秦武王二年，秦國任命樗裡子、甘茂為左右丞相。從此，在幾千年的中國歷史中，開始出現了丞相這一職務。秦始皇統一六國後，宰相作為官制被確定下來。

尚書

西漢時期，漢武帝設尚書五人，開始分曹治事。漢成帝也設尚書，群臣奏章都得經過尚書，地位雖不高權力卻很大。東漢時期，尚書正式成為協助皇帝處理政務的官員。從此三公權力大為削弱。

魏晉以後，尚書事務愈來愈繁雜。隋代設置尚書省，分為六部；唐代確定六部為吏、戶、禮、兵、刑、工，以左右僕射分管六部。宋代以後，三省分立之制漸

成空名，行政全歸尚書省。

　　元代僅存中書省之名，而以尚書省各官隸屬其中。明代初期，尚存此制，後來廢去中書省，直接以六部尚書分管政務，六部尚書等於國務大臣，相當於今天的部長。清代相沿，末期改官制合併六部，改尚書為大臣。

翰林

　　唐玄宗時，從文學侍從中選拔優秀人才，充任翰林學士，專掌內命。由於翰林學士參與機要，有較大實權，當時號稱「內相」。首席翰林學士稱承旨。北宋時，翰林學士開始設為專職。明代，翰林學士作為翰林院的最高長官，主管文翰，並備皇帝咨詢，實權已相當於丞相。

　　清代沿用明代制度，設置翰林院，主管編修國史，記載皇帝言行的起居注，進講經史，以及草擬有關典禮的文件；其長官為掌院學士，以大臣充任，屬官如侍讀學士、侍講學士、侍讀、侍講、修撰、編修、檢討和庶吉士等，統稱為翰林。

總督和巡撫

　　總督和巡撫，合稱「督撫」，明朝的時候，中央政府派遣大臣外出處理地方軍政事務，分別給予兩種頭銜，全稱分別是「總督某地等處地方提督軍務糧餉兼巡撫事」、「巡撫某地等處地方提督軍務兼理糧餉」。前者就是總督，後者就是巡撫。應該指出的是，這兩個官銜都具有外派、臨時的性質。他們回到中央政府後，官銜便失去，不再起任何作用。

　　到了清朝，總督和巡撫才正式成為地方最高行政長官。總督一般管轄一省，但到後來總督也有管轄兩省的，如兩廣總督等。總督負責治理轄區內的軍民事務。總督的官品，一般要高於巡撫。巡撫是省級地方長官，總攬一省的軍事、吏治、刑獄等事務。

知府

　　在魏晉時期，州刺史兼任將軍之職。州刺史是文職，將軍是武職。州有州的衙門和幕僚，將軍另外有將軍的衙門和幕僚。將軍的衙門，就叫做「府」。

　　到了唐朝，中央政府在首都、陪都以及皇帝登基前

任職的州設置府，例如京兆府、河南府、太原府等等。府的長官，統稱府尹。

宋朝時，府的設置逐漸多了起來。府隸屬於路。明清兩朝，省、縣之間的一級行政單位被稱作「府」。除了首都、陪都所在地的府長官仍然稱府尹外，一般的府長官，都稱作「知府」，意思是「知某府事」。

知州

漢武帝為了有效地管理地方，將全國劃分成13個監察區，稱為「州」。每州都由中央派遣一長官，負責監察郡、縣的官吏。這一長官，便被稱為刺史。

到了東漢後期，州慢慢演變成為一種地方行政區。州轄郡、縣，刺史又稱州牧，就是州的行政長官，擁有行政軍事權。隋朝時，郡的建制被取消，只保留州、縣。唐朝繼承隋朝的制度，將地方分成州、縣兩級。當時州的行政長官仍稱為刺史。

在宋代，開始把州的行政長官叫做「知州」，知州下屬的官員有同知、通判，分別掌管財政、刑法、治安等。

明清兩朝，州有兩個級別：直隸州和散州。直隸州

直屬於省，級別與府相同；散州隸屬於府，級別與縣相同。

知縣

知，本來的意義就是管理、主持的意思。知縣就是管理一縣的官員。《左傳》：「子產其將知政矣。」就是說子產將要主持政事了。宋朝魏子翁《讀書雜鈔》指出：後世官職上加「知」字，就是從這裡開始。《宋史・蘇軾傳》說蘇軾「知徐州」、「知湖州」、「知杭州」，就是說派蘇軾去主持徐州、湖州、杭州的政治，也就是擔任這些州的知州。唐宋以後的知府、知州、知縣、知事，都是這種意思。

使節

現在世界各地，使節是指一國派往常駐他國的外交官，或派駐他國的臨時代辦。在古代，使節可不是對官員的一種稱謂，只是一種官職憑證。

那時的使節有兩種含義：一種是國君在封授卿大夫官職時，給予他們的任職憑證，也叫符信。這種「符

信」一般用銅鑄成。而且，官員任職地區不同，所授予的「符信」也不同。在山區任職的授虎節；在平原任職的授人節；在湖澤地區任職的授龍節。另一種是在使臣出使他國前國君給他的出使憑證，叫符節。一般都用竹子作柄，上面點綴著犛牛尾之類的裝飾物，也叫旄節。張騫、蘇武在出使匈奴時，都持有這種符節。不論是「符信」還是「符節」，在古代都被稱作「使節」。後來，人們把出使外邦的使臣稱為使節。

節度使

西元711年，唐睿宗任命賀拔延嗣為河西節度使，節度使的名稱從這時開始出現。後來，朔方、隴右、河東等邊鎮也相繼設置了節度使。

節度使是地方最高軍政長官。因此，如果某人被拜為節度使，那麼他上任時一定備受重視。皇帝親自派大員為其餞行，屬下州縣官吏要舉行隆重的儀式迎接。

節度使管轄數州，總攬轄區內的軍事、民政、財政，權力極大，甚至可以隨意任命官吏。直到宋代，宋太祖杯酒釋兵權，才解除了節度使對中央政府的威脅。從此節度使成為一種帶有榮譽性質的封賞。

提督

明嘉靖間京營有提督總兵官，旋改為總督京營戎政。隆慶初，仍以總督為提督，後又增至六提督，旋改稱總督戎政。各省巡撫、鎮守總兵官常加提督軍務、提督等銜。明提督多見而非正式官名。

清大致上每省置提督軍務總兵官一員，簡稱提督，為一省綠營兵的最高長官，秩從一品，而仍受總督或巡撫節制。所屬有鎮、協、黃、汛各級，其直轄部隊稱提標。清學政以提督某省這政為全銜，此提督與明代同，非正式官名。

宦官與太監

「宦官」之稱，古已有之。當時，人們把在皇宮中為皇帝及皇族服務的官員，統稱為宦官。東漢以前，充當宦官的有閹人，也有其他人。東漢時期，宮廷之禁愈來愈嚴，於是太監一職開始「悉用閹人」。

「太監」一詞，最早見於遼代，是遼代政府機構中的官員。遼代太府監、少府監、祕書監等機構，均設有「太監」一職。元代承襲遼制，所設各監也多有「太

監」。元代太監是諸監中的二級官吏，並非儘是閹人。

到了明代，太監才和宦官發生較固定的關係。充當太監者必是宦官，但宦官卻不儘是太監。太監是宦官中的上級官員，是具有一定品級、俸祿的高級宦官。

太監成為宦官的專稱是從清代開始的，因為清代將侍奉皇帝及皇族的宦官都冠以太監之稱。所以，宦官便同太監混為一談了。

書記

很早的時候，書記指的不過是用以記事的書寫文字。在三國曹丕中有「元瑜書記翩翩，致足樂也」之句，其中的「書記」，指的就是章、表、書、疏等類的文體。

南北朝時期，書記逐漸演化為專稱。在南朝梁任彥升《齊景陵文宣王行狀》中說到：「謀出股肱，任切書記。」在《文選注》中，呂向註：「書記，謂文字之士也。」

唐朝時期，在元帥府和節度使手下主管撰寫文字的屬官稱「掌書記」，也可稱為「書記」。如杜甫《送高十五書記》詩，詩題下鮑注云：「高書記適也……哥舒

翰表為左驍衛兵曹參軍,掌書記。」是說當時高適的職務是左驍衛兵曹參軍,因為他兼任掌書記的職務,所以杜甫稱他「高十五書記」。

在現代的中國,書記已經成為黨、團各級組織中的主要負責人,在工作中發揮了重大的作用。

祕書

「祕書」一詞出現早於「書記」。但祕書並非官名,要在祕書下綴上「令、監、丞、郎」等才是完整的官名。此外尚有「祕書省」,這是南朝梁始設的行政機構,名雖為「祕書」。

明清不設「祕書省」,也沒有「祕書」的職稱。清代各衙署設文案,一般稱「師爺」不稱「祕書」。民國時期,大多數的行政機關開始設置祕書。從以上的敘述可以知道,祕書在中國官制史上還很年輕。

現代的祕書職務,是領導的助手,其任務是收發起草文件,辦理文書、檔案和領導交辦的事項。各級黨政機關和企、事業單位,一般都設有祕書工作部門或祕書工作人員。

慈禧太后為什麼叫「老佛爺」

慈禧太后讓別人管她叫「老佛爺」。實際上，「老佛爺」的稱號不是慈禧專用的，清朝歷代皇帝都叫「老佛爺」。

清代帝王為什麼自稱「老佛爺」呢？這是因為女真族首領最早被稱為「滿柱」。「滿柱」是佛號「曼珠」的轉音，有「佛爺」、「吉祥」的意思。所以，不但女真首領被稱為「滿柱」，女真顯赫家族的首領，名字就叫「滿柱」。所以，清朝皇帝將滿語「滿柱」漢譯為「佛爺」，成為自己的「特稱」。慈禧讓別人也稱她為「老佛爺」，是企圖把自己比作皇帝，顯示出不同尋常的政治慾望。

主席

「主席」一詞源於中國。中國古代沒有桌椅，室內先鋪筵，然後再放上席。筵較寬大，故用來鋪地。席比較細小是給人坐的。古人入室，先脫鞋，然後通過筵坐在席上。現在日本人和朝鮮人的室內生活，基本上還是這個樣子，這正是中國古代席地而坐的遺風。坐時讓長

輩坐在裡頭，以示尊重；人多時，長輩就獨居一席，這就是主席。

閣下

閣下一詞盛行於唐代，當時是對高級官員的尊稱。因為古代高級官員的官署往往稱閣，例如龍圖閣、天祿閣、東閣、文淵閣等等，故以閣下相稱。

華僑

據歷史記載，早在秦漢時代，中國人就已遠航國外。許多歷史學家認為，中國人僑居國外大約始於唐宋，盛於明清。

「華僑」一詞的出現始於19世紀末，而普遍使用則在20世紀以後。光緒二十四年，在日本橫濱的華僑創辦學校，初次使用了「華僑學校」的名稱。1906年，孫中山先生在他自己的一些著作中，也使用了「華僑」這個詞。

1910年，《民報》第25.26期上刊登署名「義皇正胤」的《南洋華僑史略》一書，成為中國最早的華僑史著作之一。從此，「華僑」就成了通用的名詞。

唐人

國外人都習慣叫中國人為「唐人」，關於「唐人」這種稱呼的由來，有兩種解釋。

其一是說，中國唐朝相當繁榮，其經濟文化都波及到世界的很多地區。外國人於是把中國的移民稱為唐人。

另外還有一種說法。說是閩粵同胞都是唐代中原移民的後裔。唐高宗時，河南固始陳元光父子率眾人遷移至閩粵，祖孫四代，歷時百年的開發，傳播了華夏文化。

鄭成功是從河南固始遷到福建南安的後裔，他收復台灣後，他所率將士也都是兩次從固始移民到漳州、泉州、潮州、福州、滿仙等地的後裔。這些人既是唐代移民的後裔，也就有人稱台灣人為「唐人」了。

巾幗

「巾幗英雄」往往指為國為民不畏艱險而英勇奮鬥的女豪傑，「巾幗」往往也表示對婦女的一種尊稱。但是「巾幗」一詞最初指中國古代婦女的頭巾和髮飾，最早見於《晉書·宣帝紀》。它裡面記載道：「諸葛亮數挑戰，司馬懿不出，因遺帝巾幗女人之飾。」

在中國古代，巾幗的種類非常多，顏色也各式各樣。頭巾一般選用高級的絲織品製成，髮飾品上面綴有一些珍貴的翡翠和瑪瑙。正因為巾幗用料考究，做工精細，價格昂貴。所以，後人把婦女尊稱為「巾幗」。

誥命夫人

誥命又稱誥書，是皇帝封贈官員的專用文書。古代一品至五品的官員稱誥，六品至九品稱敕。誥命夫人跟其丈夫官職有關。有俸祿，沒實權。明清時期形成了非常完備的誥封制度，一至五品官員授以誥命，六至九品授以敕命，夫人從夫品級，故世有「誥命夫人」之說。

泰斗

「泰斗」是「泰山、北斗」的簡稱。古人尊泰山為山之首、北斗為星之尊。泰斗是指有名望、有影響，被人們所景仰的在某領域有突出貢獻的人。

據《新唐書・韓愈傳》記載：唐朝的文學家韓愈善於寫古文，死後他的文章廣為流傳，當時的學者「仰之如泰山、北斗」。

　　起初，人們把韓愈比作「泰山、北斗」，是表示對
這位文學家的推崇和景仰之情，後來，就用「泰山、北
斗」來比喻在某一方面成就突出，在社會上有名望、有
影響的人。

鄙人

　　在社交場合，很多自稱「鄙人」，表示謙遜。可
是，「鄙人」是怎麼來的呢？

　　鄙，本義是小邑、邊邑，因而也指郊外。鄙人，本
意是鄙野之人，引申為淺薄的人，又由此轉為自謙之
詞。「鄙人」的自謙只謙在才識、智術上，並不在品德
上，絕沒有「卑鄙、卑劣」的意思。這種謙稱，只用於
朋友之間，對尊長和晚輩是不能自稱「鄙人」的。

老頭子

　　清朝乾隆年間，乾隆皇帝下令編纂《四庫全書》
時，並常去檢查工作。有一天，編修紀曉嵐和同事們開
玩笑，稱皇帝為「老頭兒」。恰好被前來檢查的乾隆聽
到。

　　乾隆認為紀曉嵐大為不敬，怒問「老頭兒」三字作何解釋？紀曉嵐跪在地上，從容不迫地答道：「萬事無疆謂之老，頂天立地謂之頭，天地之子謂之兒，簡稱為『老頭兒』。」乾隆聽了，轉怒為喜，認為紀曉嵐的確有巧辯之才，便赦免了他的罪過。

　　從此以後，「老頭兒」逐漸變成了「老頭子」，並廣泛地流傳開來，成為對老年男性的謔稱。

老人家

　　在現代漢語中，「老人家」一詞常用來稱呼老年人和長輩。但這名稱源於伊斯蘭教語言，是舶來品。

　　據《宗教詞典》記載：「老人家」一詞，是阿拉伯文「穆爾西德」一詞的意譯。「穆爾西德」一詞源於「道路」，意思是「引路的人」，指伊斯蘭的宗教導師，負責接受和指導新教徒的人。

　　元朝時期，伊斯蘭教隨著部分中亞細亞人、波斯人和阿拉伯人的遷移傳入中國，並發生了語言上的融合。從此，「穆爾西德」便被譯為「老人家」，出現在元代及以後的漢語詞彙中。

媒人

媒人自古就有。媒人這個名稱，來源於一個民間故事。

古時候，有兩個村莊，一個叫東山莊，一個叫西山莊。東山莊上有一個小伙子，叫趙景；西山莊上有一位美麗的姑娘，叫阿彩。有一年，這兩人經一位好心的老漢搭橋，成了親。婚後，小兩口情投意合。

小兩口為了紀念這位老漢，準備為他塑一尊像，放在家裡。於是阿彩就用米粉塑了一尊塑像，把它放在家裡。沒想到，由於天熱潮濕，那米粉人竟渾身發了霉。夫妻倆歎惜地稱這尊塑像為「霉人」。

後來，大家很快知道了這件事。從此以後，人們就把為青年男女牽線搭橋的人稱為「霉人」。後來，人們覺得「霉」字不怎麼好，就把「霉人」改為「媒人」。

黎民百姓

4000多年前，黃河流域的黃帝部落和炎帝部落結成聯盟，打敗了從南方進犯的九黎族。來自九黎族的俘虜成了黃、炎部落的奴隸，被稱為「黎民」。

當時，許多部落都由氏族組成。而黃、炎部落聯盟約有100個氏族，每個氏族又各有自己的姓氏。因而黃、炎部落聯盟的氏族就被稱做「百姓」。

先生

先生是對男人的尊稱，與女士相對應。這個稱呼由來已久，不過，不同的歷史時期，先生這個稱呼指代的對象有所不同。

早期，先生的含義就是指先出生的人，引申為長輩、有見識的人。戰國時期，先生均是對有德性長輩的稱呼。清初，稱相國為老先生。乾隆之後，官場上這種稱呼已不常用。辛亥革命後，老先生這個稱呼頗為流行。交際場上，對老年人都一律稱之為老先生。

有時候，先生也不一定完全指男士，德高望重的女性也有被稱為先生的，比如「宋慶齡先生」。

娃

中國許多地方，人們通常把孩子稱為娃，據說，這種稱呼源於對萬物始祖女媧氏的崇拜和紀念。相傳，在

開天闢地時，世上沒有人，女媧用黃土造人。後來，人
們為了說明自己是人類始祖女媧氏的後代，便將孩子稱
娃，意為女媧脈傳。因此，古時媧與娃通用。

　　另外，娃是女媧氏部族的標誌。人們為了紀念女媧
氏化萬物的功績，將娃作為自己祖先的象徵。後來，由
於人們對孩子的關愛，就稱之為娃。

黃花閨女

　　古時候，女子注重梳妝打扮，尤其是一些名門貴族
的姑娘。當時流行貼花黃，即女性根據自己的愛好，用
黃顏色在額上或臉頰畫上各種花紋；也有將黃紙剪成各
種花樣，貼在額上或兩頰，作為裝飾。久而久之，黃花
也就成了女性的特徵。

　　同時，黃花又指菊花，因菊花傲霜耐寒，常用來比
喻人有節操。因此，人們在閨女前面加上黃花二字，不
僅說明這女子還沒有結婚，而且表示姑娘心靈純潔，品
德高尚。黃花閨女也就成了未出嫁年輕女子的代名詞了。

千金小姐

相傳，伍子胥為報父兄之仇，投奔吳國。途中飢餓難耐，他見湖邊有一位洗衣姑娘，竹筐裡有飯，便上前求乞。姑娘見他狼狽不堪，頓生惻隱之心，慨然相贈。伍子胥飽餐之後，發誓日後定當以千金報德。

後來，伍子胥在吳國當了相國，報了殺父兄之仇。他時常記著那位有救命之恩的姑娘，但不知姑娘如今家住何處。為了實現昔日的誓言，伍子胥便將千金投入她當時洗衣服的地方。於是，就有了千金小姐這一說法。

親家

因子女聯姻而使男女兩家父母互稱親家。這種稱呼最早出現於唐代。

《新唐書‧蕭嵩傳》載：「子衡，尚新昌公主，嵩妻入謁，帝（玄宗）呼為親家。」起初，這一稱呼只用於皇親國戚的聯姻上。唐代詩人盧綸的《王駙馬花燭詩》云：「人主人臣是親家。」

五代時，出現了親家翁的敬稱。《五代史‧劉傳》記載，劉與馮道是姻家，二人並任宰職。後來馮道被罷

官，李愚代替了他。李愚嫌惡馮道的為人，每當稽查出馮道的過錯，便在劉面前譏笑馮道說：「這是您親家翁幹的好事。」

後來，親家稱呼通行到了民間，一般老百姓也開始使用這一稱呼，一直沿用到今天。

公主與駙馬

公主是中國古代對帝王女兒的稱呼。關於它的起源，可以追溯到周代。

古時候，一般都是父親主持女兒的婚事。周宣王執政時，覺得自己身為一國之君，親自給女兒主婚，會降低自己的身分。最後在大臣的建議下，讓次於王的「公」來為他的女兒主持婚禮。漸漸地，人們就把皇帝的女兒稱為了公主。

駙馬本是一個官名，即駙馬都尉的簡稱。後來用作帝王女婿的稱呼，這有一個演變過程。

漢武帝時期，開始設置駙馬都尉職位，當時也稱為副馬，負責掌管副車之馬，是皇帝的近侍官，但不一定是皇帝的女婿。魏晉時期，才出現派帝婿做駙馬。

晉代杜預娶司馬昭之妹高陸公主，是司馬懿的女婿。後來司馬炎稱帝，追尊司馬懿為晉宣帝，授杜預以駙馬。東晉的劉恢、桓溫是明帝的女婿，也都做了駙馬。

此後，皇帝的女婿都加此稱號，駙馬不再是一個實際的官職，而成了乘龍快婿的同義詞。

連襟

在中國，大多數人稱姐妹們的丈夫為連襟，也有的地區稱之為連橋、一擔挑。據說，連襟一詞最早出現於杜甫筆下。

杜甫晚年寓居川東，結識了當地一位李姓老頭。兩人挺談得來，經常一起聊天喝酒。後來杜甫要出峽東下湖湘，寫了首《送李十五丈別》的詩，其中有幾句是：「孤陋忝末親，等級敢比肩？人生意氣合，相與襟袂連。」用襟袂來形容彼此關係密切，但不是指姐妹們丈夫之間的那種關係。

北宋末年，著名詩人洪邁，有個堂兄在泉州做幕賓，不很得意。洪邁妻子的姐夫在江淮一帶做節度使，寫薦書推薦這位堂兄去京城供職。洪邁的堂兄很感激，托洪邁代寫了一份謝啟，其中有幾句是：「襟袂相連，夙愧末親之孤陋；雲泥懸望，分無通貴之哀憐。」

洪邁之前的馬永卿，在所著《懶真子》裡提及：江北人呼友婿為聯袂，也呼連襟。由此可見，宋朝時，這一稱謂已具有今天的意義了。

丈夫

相傳，中國某些部落，有搶婚的習俗。女子選擇夫君，主要看這個男子是否夠高度，一般以身高一丈為標準。有了這個身高一丈的夫婿，才可以抵禦強人的搶婚。根據這種情況，女子都稱她所嫁的男人為丈夫。

結髮夫妻

結髮夫妻一般指的是原配夫妻。結髮夫妻的由來，相傳是從一位皇帝登基的故事中衍生出來的。

從前，有位皇帝，在登基的頭天晚上，因為擔心鬍子太短，無法入睡。皇后十分聰慧，連忙剪下自己的頭髮，仔細地接在皇帝的鬍鬚上，一夜工夫，使皇帝的鬍子變長了。次日，皇帝登基時，臣子見皇帝鬍鬚過臍，莫不驚歎。

後來，這件事情被人們廣為稱頌，人們便將他們稱為結髮夫妻，以此來表達患難與共、互助互愛的夫妻間的深厚感情。

14. 禮俗常識

叩手禮及叩桌謝禮

　　根據《中國民俗之謎》一書記載，當年乾隆皇帝下江南，有一天路經松江，他帶了幾個太監微服來到「醉白池」遊玩，在附近的一家茶館坐下來歇腳。茶房端上幾隻碗來，隨後站在數步遠的位置，拿起大銅壺朝碗裡倒茶。皇帝眼見面前只有一條白練從天而降，茶水不偏不倚，均勻地沖進碗裡，一邊看得驚奇，一邊禁不住上前要過銅壺，學著茶房的樣子，向著其餘幾隻碗裡倒去。

　　太監們見皇帝給自己倒茶，嚇得魂都沒了，想跪下叩頭，三呼萬歲，又恐暴露了皇帝的身分，遭殺身之禍，一急之下，紛紛屈起手指，「篤篤篤……」不停地在桌上叩擊。

　　事後，乾隆皇帝不解地問太監：「汝等何故以指叩桌？」太監們齊聲答道：「萬歲爺給奴才倒茶，萬不敢當，以手叩桌，避免暴露皇上身分，乃代叩頭致謝也。」以後，這種謝禮的動作，不知怎麼地在民間傳開了。

跪拜禮

中國在漢以前，人們在進食、議事、看書時，只是在地上鋪一條用蘆葦、竹篾等編成的鋪墊用具，即蓆子，人就坐在蓆子上，故稱「席地而坐」。

因此，古代所謂「坐」的姿勢，和我們現代人的「坐」完全不一樣。坐時要兩膝著地，然後將臀部坐於後腳跟之上，腳掌向後向外。古人的「坐」，實際上就是我們現在的跪。在接待賓客中，每當「坐」著向客人致謝時，為了表示尊敬，往往伸直上半身，也就是「引身而起」，使坐變成了跪，然後俯身向下，就這樣，逐漸形成了日常生活中的跪拜禮。

「男左女右」的來源

在中國歷史上，「左」和「右」不僅表示方位，還具有特殊的含義。在政治上，曾經尊右而卑左。豪門貴族被稱作「右族」，官員得罪了權貴被貶職常稱作「左遷」。在軍事上，曾視「左」為大、「右」為小。

在生活上，人們常歧「左」而尊「右」，南方人稱「右手」為「大邊手」，稱「左手」為「小邊手」。後

來男尊女卑的思想意識也與左右聯繫了起來。「男左女右」竟成一種習俗被固定並千百年流傳下來。「男左女右」在醫學上表示男女生理上的差異，在社會風俗上是劃分級別的在一種秩序安排。

「上北下南」的來源

中國古代宮殿都是坐北朝南的，帝王的座位設在北方，面向南方。因帝王是一朝之長，萬人之上，所以帝王坐在北邊，北就為「上」。而坐在南邊的群臣則為卑下，南就稱為「下」了，後來又帶進了人們的實際生活。比如看地圖時，有一個共同的標準：即上北、下南、左西、右東。

為什麼是「一日三餐」

現代人都習慣於一日三餐，實際上秦漢以前人們一天只吃兩頓飯。由於農業不發達，糧食有限，即使兩頓飯也要視人而待。漢代以後，一日兩餐逐漸變為三餐或四餐。並且，三餐開始有了早、中、晚飯的分稱。如今，人們常用「一日三餐」之詞來表示對時光的不同情感，其中包括惜時者的感慨。

皇家建築為何用「紅牆黃瓦」

　　黃色在中國自古以來被認為是尊貴的顏色，因其在「五行」學說裡代表中央方位。唐代，黃色被規定為代表皇室的色彩，其他不能採用。到了宋代，封建帝王開始採用黃色琉璃瓦釘，以後便按此規定沿襲下來。

　　紅色在中國被視為一種美滿喜慶的色彩，意味著莊嚴、富貴。遠在西元前11世紀周代，宮殿建築就普遍採用紅色，並流傳後代。因為封建帝王的宮殿是最高統治者的活動場所，必須處處顯示「至高無上」、「尊貴富有」，因此，絕大多數古代宮殿都是紅牆黃瓦。

紅色表示吉祥的由來

　　在中國人心目中，紅色意味著吉祥。過節過年，要張貼大紅對聯；嫁女娶婦要披紅掛綵；生了孩子要送紅喜蛋；送賀禮要有紅紙包裹；開張奠基，要剪紅綢緞。總之，一切表示喜慶、吉祥的，都離不開紅色。其實，中國並不是從一開始就用紅色表示吉慶的。

　　早在遠古時代，我們的祖先曾用過黃色代表吉慶，也曾用過黑色和白色代表吉慶。到了漢朝，漢高祖稱自

己是「赤帝之子」。赤，就是紅色。從那時起，紅色就成了人民崇尚的顏色。漢朝以後，中國各地崇尚紅色的風俗習慣已基本趨向一致，並一直沿襲了下來。

頭繫白布

三國時候，諸葛亮忠心治國，愛戴百姓，給百姓帶來不少好處。因此，當病死軍中的消息傳回成都後，四川百姓無不悲傷，家家戶戶都像死了父母一樣，給他披麻戴孝。

由於是自動戴孝，沒有統一的規定時間，誰也不知道從何日起何日止。人們只根據得到噩耗的那一天開始戴孝，有的先戴，有的後戴，先先後後，參差不齊。可是，人們要下地幹活，老是把孝帕披在頭上也礙事。有的人就想了一個辦法，幹活時把孝布盤在頭上。其他人也紛紛效仿。久而久之，便成了習慣。

往後，人們覺得孝布盤在頭上不僅表示對諸葛亮的懷念，而且很實用。夏天防曬，冬天保暖。這樣，白帕子就沒有摘下來，一直保留在頭上，一代一代傳下來。後代的人，漸漸的不知道頭上戴白布是什麼含義，只有當帽子用了。

額頭點紅緣由

據說，印度教裡婦女額頭的「吉祥點」是表明婦女婚姻狀況的，當新娘進入洞房時，新郎就要將祭獻用的牲畜血給新娘額頭上塗個「吉祥點」，以便避邪。後來，時間一長，塗「吉祥點」漸漸成了印度婦女裝扮修飾自己必不可少的一項內容，並且也不一定非用畜血來點了，有時就用紅胭脂來代替。

隨著絲綢之路的開闢，印度的這種習俗也開始影響到中國內地。既然塗個「吉祥點」可以避妖除邪，加上當時中國有一種說法，七歲以下的兒童有魂而不全，能親見目睹妖魔之怪樣。因此大人們為使孩子們順利成長，就特別注意給孩子抹「吉祥點」。久而久之，就形成這種習俗。

生日祝壽的由來

中國人過生日的習俗，大約是從南北朝時開始的。唐朝時期，慶祝成人生日的習俗也很盛行。生日上的壽禮，大約始於宋朝。當時，朝政腐敗，做官的過生日，僚屬都要獻壽禮。紹興年間，宋高宗曾下令，禁止官員

接受生日賀禮。但秦檜掌權後，四方之官為巴結他，都趁生日之機向他送禮，各地效仿，使得這一習俗流行起來。

祝壽送壽桃的由來

孫臏18歲時離家學習兵法與家人無音訊達12年。

一年五月初五那天，孫臏猛然想起，今天是母親的60歲生日，便向師父告假回家探母。臨行前，師傅鬼谷子摘下一個桃送給孫臏說：「這桃是不輕易送人的，我送你一個帶回去給令堂上壽。」孫臏接過桃就辭別師傅急忙往家趕。

孫臏回到家，看見母親憔悴的面容，心裡難過極了。他趕忙從懷裡捧出師傅送的桃送給母親，老母親接過桃吃了一口說：「這桃比冰糖蜂蜜還甜。」桃還沒吃完，老母親容顏大變，皺紋一掃而光，青絲如墨，雙目明亮，牙齒重生。

後來，人們紛紛效仿孫臏，也在父母生日的時候，送上鮮桃祝壽。在冬春初夏沒有桃子時，人們就用麵粉做成壽桃，蒸熟了送給父母拜壽。

吃長壽麵的由來

相傳，漢武帝崇信鬼神，相信相術。有一天，他與眾大臣聊天，談到人的壽命話題時，漢武帝說：「《相書》上講，人的人中長，壽命就長，若人中1寸長，就可以活到100歲。」當時，坐在漢武帝身邊的東方朔聽後，就大笑了起來。眾大臣莫不吃驚，都怪他對皇帝無禮。漢武帝問他笑什麼，東方朔解釋說：「我不是笑陛下，而是笑彭祖。人活100歲，人中1寸長，彭祖活了800歲，他的人中就長8寸，那他的臉該有多長啊。」

眾大臣和漢武帝聽後，也不禁大笑起來。看來想長壽，靠臉長長點是不可能的，必須換個方法來表達自己長壽的願望。臉即面，那「臉長即面長」。於是，人們就借用長長的麵條來祝福長壽。漸漸地，便演化為生日吃麵條的習俗，並稱之為吃「長壽麵」，一直沿襲至今。

抓周的由來

古時候，父母在孩子剛滿一週歲那天，在吃中午那頓「長壽麵」之前，要在他（她）面前放上一些有代表性的東西，諸如筆墨紙硯、珍寶玩具、服飾胭脂、瓜果

點心等，不予任何誘導，任其挑選，看孩子抓取何種物件，預測其一生的性情和志趣。這種儀式名叫「抓周」，又稱「晬盤」、「試兒」，它是中國一項古老的風俗。

貼「囍」

話說23歲的王安石一年赴京趕考，途經馬家鎮，暫住他舅舅家。飯後他上街閒逛，卻見一個大戶人家的宅院外面掛著一盞走馬燈，燈光閃爍，分外耀眼。王安石走近細看，只見燈上分明寫著「走馬燈，燈馬走，燈熄馬停步」的半幅對子，顯然是在等人對出下聯。王安石不由拍手連稱「好對！好對！」站在一旁的管家馬上進去稟告宅院的主人馬員外，但待出來時，已不見了王安石。

次日，王安石進了考場，答題時一揮而就，交了頭卷。主考官見他聰明機敏，便傳來面試。考官指著廳前的飛虎旗曰：「飛虎旗，旗虎飛，旗卷虎身藏。」王安石腦中立刻浮現出馬員外家走馬燈上的那半幅對子，不假思索地答道：「走馬燈，燈馬走，燈熄馬停步。」他對得又快又好，令主考官讚歎不已。

考試結束，王安石回到馬家鎮，想起走馬燈對他的

幫助，又特意走到馬員外家觀燈，已企盼多時的管家立即認出他就是前幾日稱讚聯語的那位相公，執意請他進了宅院。看茶落座後，性急的馬員外便請王安石對走馬燈上的對子，王安石再次移花接木，隨手寫道：「飛虎旗，旗虎飛，旗卷虎身藏。」員外見他對得又巧妙又工整，馬上把女兒許給他，並主動提出擇吉日在馬府完婚。原來，走馬燈上的對子，乃是馬小姐為選婿而出的。

結婚那天，馬府上上下下喜氣洋洋。正當新郎新娘拜天地時，有報子來報：「王大人金榜題名，明日請赴瓊林宴！」真是喜上加喜，馬員外大喜過望，當即重開酒宴。面對雙喜臨門，王安石帶著三分醉意，揮毫在紅紙上寫了一個大「囍」字，讓人貼在門上，並隨口吟道：「巧對聯成雙喜歌，馬燈飛虎結絲羅。」

從此，「囍」字便被傳開了，其後，「囍」字和結婚時貼紅雙喜，在中國民間開始流行。

新娘乘花轎的由來

轎子起源大致從唐朝開始，南宋孝宗曾為皇后製造一種「龍肩輿」。上面裝飾著四條走龍，用朱紅漆的滕子編成坐椅、踏子和門窗。內有紅羅茵褥、軟屏夾幔，

外有圍幛和門簾、窗簾。可以說，這是最早的「采輿」。以後，歷代帝王都為后妃製造采輿，而且越來越華麗。轎子娶親這個儀式出現在宋代，並漸漸成為民俗。

拜天地的由來

相傳女媧造人的時候，開始只造了一個俊俏的後生，這後生雖說有吃有穿，逍遙自在，但孤孤單單一人，總覺得很無聊，常常為此唉聲歎氣。

一天晚上，月下老人拄著一根龍頭拐棍來到小伙子的面前，說：「後生不要愁，我給你找個伴」。過了一個時辰，月下老人領著一個姑娘，飄悠悠地落到小伙子面前，對小伙子說：「我給你領來了一個女人，你們先認識一下，一會兒我給你們辦喜事。」說完，月下老人就不見了。

過了一會兒，月下老人領著兩個白髮白鬚的老人站在小伙子和姑娘面前，指著兩個老人說：「這是天公和土地，你們以後的生活全都離不開他倆。現在我們給你們辦喜事，首先，給養育你們的天公、土地拜三拜」

小伙子和姑娘立即對天、地拜了三拜。隨後，月下老人笑著說：「我給你們牽紅線，你們還得給我拜拜

哩。」

　　小伙子和姑娘又對著月下老人拜了三拜。剛拜完，三位老人全不見了。從這以後，為了感謝天、地的養育之恩，為了感激月下老人牽線搭橋的情意，結婚時，便形成了結婚「拜天地」的習俗。

新娘蒙紅蓋頭的由來

　　關於新娘蒙蓋頭的習俗，有一個神話傳說。宇宙初開的時候，天下只有女媧兄妹二人。為了繁衍人類，兄妹得配為夫妻。於是，兄妹倆上到山頂，向天禱告：「天若同意我兄妹二人為夫妻，就讓空中的幾個雲團聚合起來；若不讓，就叫它們散開吧。」結果那幾個雲團聚合為一。於是，女媧就與兄成婚。女媧為了遮蓋羞顏，「乃結草為扇以障其面」。扇與苫同音。苫者，蓋也。

　　以扇遮面，終不如絲織物輕柔、簡便、美觀。因此，執扇遮面就逐漸被蓋頭蒙頭代替了。

壓歲錢

　　相傳遠古時期，有一種兇惡的怪獸叫「年」，每隔
365天後的夜晚，「年」就出來傷害人畜，踐踏莊稼，
常常使兒童受驚嚇。但「年」怕「啪啪」的響聲，於
是，人們就用燃燒「啪啪」作響的竹子趕走「年」，隨
後，用食物來安慰小孩，謂之壓驚。久而久之，壓驚逐
漸演變為壓歲錢。

　　早期的「壓歲錢」是以彩繩穿錢，置於床腳，待年
過後方可花掉。明清時，壓歲錢大多用紅繩串著。民國
以後，流行用紅紙包一百文銅圓，寓「長命百歲」之
意。如今，大人們則喜愛選用新鈔票，贈給孩子們作為
春節的禮品。

貼春聯

　　西元10世紀，五代中的後蜀皇帝孟昶，有一年，要
求學士辛寅遜題桃符，但又覺得詞句欠佳，於是便親自
題「新年納餘慶；佳節號長春」於宮外。這就是傳說的
最早的一副春聯。

　　不過，那時還稱桃符而不叫春聯，一直沿襲到宋

代。如王安石《元日》云：「爆竹聲中一歲除，春風送暖入屠蘇。千門萬戶瞳瞳日，總把新桃換舊符。」

到明朝時期，桃符才改稱春聯。朱元璋建都金陵（南京）後，曾令各家貼對聯，並將門聯改名為春聯，一律用紅紙書寫。據說有一次，朱元璋親自到民間察看，見一戶人家沒貼春聯。當朱元璋得知這戶人家是閹豬的，不識字後。他便親自動筆為他寫了一聯：「雙手劈開生死路，一刀割斷是非根。」

由於歷代大力提倡，春節貼春聯便成為中國民間的一種風俗了。而且，春聯也成為中國特有的文化形式，長盛不衰。

福字倒貼

倒貼「福」字的風俗，傳說起源於清代恭親王府。有一年的春節前夕，大管家為討主人歡心，按例寫了幾個斗大的「福」字，叫人貼於庫房和王府大門上。有位家丁目不識丁，竟將大門上的「福」字貼倒了。為此，恭親王福晉十分氣惱，欲鞭罰懲戒。幸好大管家是個能說善辯之人，他怕福晉怪罪下來瓜葛自身，慌忙下跪陳述：「奴才常聽人說，恭親王壽高福大造化大，如今大

福真的到（倒）了，乃吉慶之兆。」恭親王福晉一聽大喜，遂賞管家和家丁各50兩銀子。

後來，倒貼「福」字的風俗由達官府第傳入陌巷人家，貼過後都願過往行人或頑童們念上幾句：「福到了！福到了！」以圖吉利。

放鞭炮

放爆竹賀新春，在中國有兩千多年歷史。據記載，最早人們燃竹而爆，是為了驅嚇危害人們的山魈。

北宋時，爆竹在製作技術方面有了大的改進。已經出現了用卷紙裹著火藥的燃放物，還有單響和雙響的區別，改名「炮仗」，後又改為「鞭炮」。爆竹能發出巨響，給人以驚鬼神的感覺，很快成為一種驅害避邪的神物。燃放爆竹，是為了表達人們去邪祈福的新年意願，後來，還用來慶賀婚禮、開業以及其他重大的慶祝活動。

守歲

除夕守歲最早記載見於西晉周處的《風土志》。太古時期，有一種兇猛的怪獸，散居在深山密林中，人們

管它們叫「年」。它的形貌猙獰，生性凶殘，每隔365天便竄出深山，危害人間，而且出沒的時間都是在天黑以後，等到雞鳴破曉，便返回山林。當時的人們便把這可怕的一夜稱作「年關」。每到這一天晚上，每家每戶都提前做好晚飯，熄火淨灶，再把雞圈牛欄全部拴牢，緊閉家門，全家躲在屋裡吃「年夜飯」。吃過晚飯後，誰都不敢睡覺，擠坐在一起閒聊壯膽。

這樣，便逐漸形成了除夕熬年的習俗。如今，隨著生活水平的提高，每個家庭的除夕之夜有了新的內容和形式。

麒麟送子

關於麒麟送子，在江南一帶流傳著一個故事。

從前，有一位畫師，尤愛畫麒麟，屋內到處掛著各種神態姿勢的麒麟畫。可是，這位畫師年老尚無子嗣。有一天晚上，老畫師突然看到一頭閃著金光的麒麟背上馱著個小孩向他走來，畫師連忙迎了上去，醒來才知道是夢。第二年，他老伴果然喜得兒子。這孩子聰明過人，六歲就能賦詩作畫，人們都把這孩子叫麒麟童。於是，麒麟送子的習俗就在民間廣泛地流傳開了。

《拾遺記》中記載:「孔子未生時,有麟吐書於闕里人家,……」以後,人們把吐書生孔子演變為送子,便成為了「麒麟送子」的由來。

重陽節賞菊

陶淵明一生酷愛菊花,以菊為伴,號稱菊友,被人們奉為「九月花神」。他種菊既食用又觀賞。每逢中秋日,當菊花盛開的時候,附近的鄉親、遠處的朋友,常到他家做客賞菊。此時,他就攤煎餅、燒菊茶款待親朋,大家走時采菊相送,「今日送走西方客,明日又迎東方朋」。來賞菊的人們川流不息,常使他不能按時去田園耕作。有一天,他灌園澆菊時,自言自語道:「菊花如我心,九月九日開;客人知我意,重陽一日來。」菊花有情,不負陶公心,到九月九日那天,菊花果真爭妍鬥奇地一齊盛開了。

客人們也都在那天來了,望著五彩繽紛、芳香四溢的滿園菊花,吟詩作賦,令人心醉。此後,親朋好友相約,年年重陽一日來賞菊。於是,重陽賞菊的習慣便由此形成,流傳至今。

給亡人燒紙

　　漢朝時期，有位名叫尤文一的秀才，苦讀寒窗十幾年，未能獲取功名，便投在蔡倫的門下，學習造紙。尤秀才為人精明，不久蔡倫便把技術全部傳授與他。

　　蔡倫死後，尤秀才繼承蔡倫的造紙業，並且比蔡倫更勝一籌，造出的紙又多又好。但當時用紙的人很少，造出的紙賣不出去。為此，尤秀才茶飯不思，沒幾天，竟閉上眼睛死去了。左鄰右舍知道後，都過來幫助料理喪事。

　　尤秀才的妻子哭著對大伙說：「家境不好，沒有什麼可以陪葬，就把這些紙燒給他做陪葬吧。」於是，專門派一個人在尤秀才的靈前燒紙。

　　到了第三天，尤秀才突然坐起來，嘴裡還不停地叫著：「快燒紙，快燒紙。」

　　所有在場的人都被嚇壞了。尤秀才卻說：「我真的活了，是燒的這些紙把我救了。這燒的紙到陰曹地府就變成了錢。我用這些錢還了債，贖了罪，閻王老爺就把我放了回來。」這件事傳出後，一位有錢的老員外對尤秀才說：「我用金銀陪葬，不比紙值錢得多嗎？」

　　尤秀才說：「金銀只能在陽間使用，不能帶到陰曹

地府去。不信，打開棺材看一看，陪葬的金銀保證分毫沒動。」員外聽了點頭稱是，並買了尤秀才家大量的紙。於是，買紙的人一下子多起來，尤秀才的紙供不應求。

其實，這是尤秀才和妻子設下的一個計策，為了多賣一些紙，才上演了這齣死而復生的戲。也就是這樣，給死人燒紙的風俗便一直流傳了下來。

送花圈的由來

花圈的「發源地」據說在希臘。古希臘把花圈稱為「聖物」。古羅馬法律一《神聖法》第七條說：「假如有人或者親身，或者由於自己的馬或奴隸在競賽中獲勝而得到花圈，那麼在他死時，無論在他家裡或在戰場，都不禁止把花圈置於死者身上。同樣，也允許他的親屬帶花圈參加葬禮。」

據說一個人臨死時帶上花圈，天使就會把他的靈魂帶到天堂。後來，人們給去世的親人和好友敬獻花圈，以表示對逝者的懷念和哀悼。

披麻戴孝

　　從前，一位老婆婆有兩個兒子，兒子成家後都不孝敬老娘，為了讓他們知道什麼叫做反哺之情，老婆婆想出了一個辦法。她把兩個兒子叫到床前說：「我死後，不需你們花什麼錢，用破草蓆把我埋了就行。不過你們要從今日開始，天天看看屋後面槐樹上的烏鴉和山樹林裡的貓頭鷹是怎樣過日子的一直到我閉了眼為止。」

　　兄弟倆經老娘一提醒，出工收工時便不由自主地注意了起來。原來，烏鴉與貓頭鷹都是很細心地餵養自己的孩子，這些小傢伙不管媽媽銜吃的有多快，總是張大嘴巴，嗷嗷待哺。當小烏鴉長大後，媽媽飛不動了，就讓她待在家，銜來吃的填在她嘴裡，等小烏鴉老了，又有自己的孩子餵養她。反哺之情，代代相傳。而貓頭鷹卻不一樣，媽媽老得不中用了，就把媽媽吃掉。

　　兄弟倆越看越內疚，漸漸地改變了對老娘的態度。可偏偏這個時候，她老人家過世了，兄弟倆後悔莫及。為了記取烏鴉與貓頭鷹善惡孝逆的教訓，安葬那天，他們模仿烏鴉羽毛的顏色，穿一身黑色衣服，模仿貓頭鷹毛色，披一件麻衣，並下跪拜路。從此以後，這個風俗就逐漸流傳開來。有些地方的百姓比較窮，穿不起一身黑衣服，就裁一條黑布戴在胳膊上。

殉葬的由來

漢朝至元朝，由於人民的反抗和社會的進步，強制性的「用人殉葬」制度已不復存在。到了明朝，「人殉」之事，曾一度死灰復燃。《朝鮮李子朝世家實錄》記載了永樂二十二年逼殉宮女的悲慘情景：「帝崩，宮人殉葬者三十餘人。當死之日，哭聲震殿閣……」

據資料記載明朝天順八年正月，英宗病危時下遺詔表示：「用人殉葬，吾不忍也，此事宜自我止，後世勿復也。」這才廢止了野蠻的「人殉」制度。

纏足

相傳南唐李後主曾造七尺高蓮台，令宮嬪睿娘以帛纏足，作新月狀，著素襪行舞蓮中，迴旋有凌雲之態。從此，開創了後世纏足之風。宋朝時期，纏足之風愈來愈盛，女子的腳越小越受讚賞，小腳已成為美人的標誌。

清朝時期，康熙曾下詔禁止女子纏足，但長期以來所形成的陋習一時難以改變，為此還鬧出了不少紛爭。康熙七年，王熙奏免其禁，以至民間又公開纏足。乾隆年間，滿族婦女也盛行纏足之風，以至乾隆皇帝屢次降

旨嚴責，不許旗女裹腳，旗女才得以保存那天然的雙足。

封建社會時期的婦人，如果聽人背地評說自己腳大，會感到異常的羞愧。母親越是喜愛自己的女兒，越為女兒死死纏足。於是，此陋習得以盛行。

雄雞象徵吉祥的由來

一種說法是，雄雞唱曉，驅走黑暗，迎來光明。毛澤東詞曰：「一唱雄雞天下白，萬方樂奏有于闐。」並且，雞是毒蟲的剋星，像蜈蚣、蠍子、螞蚱等都是雄雞的美味食品，因而人們認為雞可以驅毒避蟲。

另一種說法，源於中國古代的神話傳說。據說，雄雞是由玉衡星變成的，它的眼睛能驅散妖魔。

其實，雄雞表示吉祥的緣由，還有一個重要因素，就是「雞」與吉祥的「吉」發音完全一樣，人們就用雞來諧音「吉」了。

「四靈」：吉祥的象徵

「四靈」是指中國的四種古代吉祥物，分別是龍、鳳、麒麟和龜。

　　龍是「四靈之首」，象徵中華民族長期互相影響、融合和團結。鳳則象徵如意吉祥的意思，所謂「龍鳳呈祥」。麒麟象徵祈望子孫繁榮和追求幸福的意思。龜象徵著長壽健康，是「四靈」中唯一真正存在的生物。

婚姻紀念日的別稱

第1年：紙婚

第2年：棉婚

第3年：皮革婚

第4年：絲婚

第5年：木婚

第6年：鐵婚

第7年：銅婚

第8年：陶器婚

第9年：柳婚

第10年：錫婚

第11年：鋼婚

第12年：鍊婚

第13年：花邊婚

第14年：象牙婚

第15年：水晶婚

第20年：瓷婚

第25年：銀婚

第30年：珍珠婚

第35年：珊瑚婚

第40年：紅寶石婚

第45年：藍寶石婚

第50年：金婚

第55年：翡翠婚

第60年：鑽石婚

民間四大傳說

中國蘊藏著極為豐富的民間傳說，其中《梁山伯與祝英台》、《孟姜女》、《白蛇傳》和《牛郎織女》四個傳說流傳最廣，稱為中國民間四大傳說。

長壽的雅稱

喜壽：指77歲。草書喜子看似七十七，因此特指七十七歲。

米壽：指88歲。因米字拆開好似八十八，故借指八十八歲。

白壽：指99歲。百少一為九十九，故借指九十九歲。

茶壽：指108歲。茶字上面為甘，下面為八十八，二者相加得108歲。

上壽：指90歲以上。

中壽：指80歲以上。

下壽：指60歲以上。

杖家之年、天命之年、知非之年指五十歲。

杖鄉之年、耳順之年、花甲之年、還曆之年均指六十歲。

杖國之年、古稀之年、懸車之年指七十歲。

杖朝之年、六豆指八十歲。

台背（駝背、鮐背）之年指九十歲。

耄耋之年指八、九十歲。

期頤之年、人瑞指百年。

中國對各年齡的稱謂

不滿週歲：襁褓

2至3歲：孩提

女孩7歲：髫（音「條」）年

男孩8歲：齠（音「條」）年

幼年統稱：總角

10歲以下：黃口

女孩12歲：金釵之年

女孩13—14歲：豆蔻之年

13至15歲：舞勺之年

女孩15歲：及笄（音「機」）之年

女孩15至20歲：舞象之年

女孩16歲：破瓜之年、碧玉年華

女性20歲：桃李年華

男性20歲：弱冠

女性24歲：花信年華

出嫁：標梅之年

30歲：而立之年

40歲：不惑之年

50歲：知命之年

60歲：花甲、平頭甲子、耳順之年

70歲：古稀之年、杖國之年、致政之年

80歲：杖朝之年

80至90歲：鮐（音『台』）背之年、耄（音『茂』）耋（音『跌』）之年

100歲：期頤之年

歷史上的四次民族大融合

　　中國歷史上的第一次民族大融合一秦朝統一的多民族國家的建立。

　　中國歷史上第二次民族大融合一北魏的民族大融合。

　　中國歷史上第三次民族大融合一元朝的民族大融合。

　　中國歷史上的第四次民族大融合一清朝統一的多民族國家的鞏固。

15. 節日常識

元旦

　　「元旦」是合成詞，按單個字來講，「元」是第一或開始的意思；「旦」字《說文解字》的解釋為「從日見一上，一，地也」，表示太陽剛剛從地平線上升起，即早晨的意思。因此，「元旦」即為一年的第一個早晨。

　　中國歷代的元旦，日期並不一致。夏代是正月初一；商代是十二月初一；周代在十一月初一；秦統一中國後，又以十月初一為元旦；漢武帝時恢復夏曆，以正月初一為元旦，自此相沿未改。

　　辛亥革命成功後，孫中山為了「順農時」、「便統計」，定正月初一為春節，而以公曆1月1日為新年。

　　1949年9月27日，中國人民政治協商會議第一屆全體會議通過使用「西元紀年法」，將農曆正月初一改為春節，將公曆1月1日定為元旦。

除夕

農曆一年最後一天的晚上，即春節前一天晚上，因常在夏曆臘月三十，故又稱該日為年三十。除是除舊布新。一年的最後一天叫「歲除」，那天晚上叫「除夕」。除夕人們往往通宵不眠，叫守歲。蘇軾有《守歲》：「兒童強不睡，相守夜歡嘩。」

除夕是中國傳統節日中最重大的節日之一。除夕這一天，家裡內外不但要打掃得乾乾淨淨，還要貼門神、春聯、年畫、掛門箋，人們則換上帶喜慶色彩和圖案的新衣。

春節

春節，顧名思義就是春天的節日。春天來臨，萬象更新，新一輪播種和收穫季節又要開始。人們有足夠的理由載歌載舞來迎接這個節日。於是，節前就在門臉上貼上紅紙黃字的新年寄語。當春姑娘來到門口時，會念一遍寄託新一年美好願望的句子，這一念，好運真的來了。同樣寓意的事情還有掛大紅燈籠和貼「福」字及財神像等，「福」字還必須倒貼，路人一念「福倒了」，也就是「福到了」。

元宵節

　　農曆正月十五日，是中國漢族的傳統節日元宵節。正月為元月，古人稱夜為「宵」，而十五日又是一年中第一個月圓之夜，所以稱正月十五為元宵節。又稱為「上元節」。按中國民間的傳統，在一元復始，大地回春的節日夜晚，天上明月高懸，地上綵燈萬盞，人們觀燈、猜燈謎、吃元宵閤家團聚、其樂融融。

　　每年農曆的正月十五，春節之末，迎來的就是中國的傳統節日－元宵節。元宵節，亦稱為小正月、元夕或燈節，時間是每年的農曆正月十五，這是春節之後的第一個重要節日。

清明節

　　清明節，又稱掃墳節、鬼節、冥節。中國傳統的清明節大約始於周代，已有兩千五百多年的歷史。它在古代不如前一日的寒食節重要，因為清明及寒食節的日期接近，民間漸漸將兩者的習俗融合，到了隋唐年間，清明節和寒食節便漸漸融合為同一個節日，成為掃墓祭祖的日子，即今天的清明節。從此，清明節踏青掃墓成為中華民族一種固定的風俗。

清明節插柳及「井井有條」的來歷

據民間傳說，清明節插柳與明太祖朱元璋的原配正宮馬娘娘有關。據傳，唐高宗三月三日游春於渭陽，熏香淋浴後，賜群臣柳圈各一，謂戴之可免螫毒。毒草這是清明插柳的開端。後來江南老百姓將此演化成插柳，每逢清明節，家家戶戶將柳條插在井邊，「井井有條」的成語，就來源於清明插柳活動了。

端午節

農曆五月初五，俗稱「端午節」，端午節是中國漢族人民的傳統節日。這一天必不可少的活動逐漸演變為：吃粽子，賽龍舟，掛菖蒲、艾葉，薰蒼朮、白芷，喝雄黃酒。據說，吃粽子和賽龍舟，是為了紀念屈原，所以新中國成立後曾把端午節定名為「詩人節」，以紀念屈原。至於掛菖蒲、艾葉，薰蒼朮、白芷，喝雄黃酒，則據說是為了壓邪。

時至今日，端午節仍是中國人民一個十分盛行的隆重節日。端午節從2008年起為國家法定節假日。國家非常重視非物質文化遺產的保護，2006年5月20日，該民俗經國務院批准列入第一批國家級非物質文化遺產。

中秋節

中秋節是中國的傳統佳節，與春節、端午、清明並稱為中國漢族的四大傳統節日。

據史籍記載，古代帝王有春天祭日、秋天祭月的禮制節期為農曆即陰曆八月十五，時日恰逢三秋之半，故名「中秋節」。

關於中秋節的起源，大致有三種：起源於古代對月的崇拜、月下歌舞覓偶的習俗、是古代秋報拜土地神的遺俗。

重陽節

重陽節又稱為「雙九節」、「老人節」因為古老的《易經》中把「六」定為陰數，把「九」定為陽數，九月九日，日月並陽，兩九相重，故而叫重陽，也叫重九，古人認為是個值得慶賀的吉利日子，並且從很早就開始過此節日。

慶祝重陽節的活動多彩浪漫，一般包括出遊賞景、登高遠眺、觀賞菊花、遍插茱萸、吃重陽糕、飲菊花酒等活動。九九重陽，因為與「久久」同音，九在數字中

又是最大數，有長久長壽的含義，況且秋季也是一年收穫的黃金季節，重陽佳節，寓意深遠，人們對此節歷來有著特殊的感情，唐詩宋詞中有不少賀重陽，詠菊花的詩詞佳作。

臘八節

農曆十二月初八，是中國漢族傳統的臘八節，這天中國大多數地區都有吃臘八粥的習俗。臘八粥是用八種當年收穫的新鮮糧食和瓜果煮成，一般都為甜味粥。而中原地區的許多農家卻喜歡吃臘八鹹粥，粥內除大米、小米、綠豆、豇豆、花生、大棗等原料外，還要加蘿蔔、白菜、粉條、海帶、豆腐等。

破五

正月初五俗稱破五。民俗一說破五前諸多禁忌過此日皆可破。按照舊的習慣要吃「水餃子」五日，北方叫「煮餑餑」。

如今有的人家只吃三、二天，有的隔一天一吃，然而沒有不吃的。從王公大宅到街巷小戶都如是，就連待

客也如此。婦女們也不再忌門，開始互相走訪拜年、道
賀。新嫁女子在這一天歸寧。一說破五這一天不宜做
事，否則本年內遇事破敗。破五習俗除了以上禁忌外，
主要是送窮，迎財神，開市貿易。

送窮

正月初五「送窮」，是中國古代民間一種很有特色
的歲時風俗。這一天各家用紙造婦人，稱為「掃晴娘」，
「五窮婦」，「五窮娘」，身背紙袋，將屋內穢土掃到
袋內，送門外燃炮炸之。這一習俗又稱為「送窮土」，
「送窮媳婦出門」。

陝西韓城一帶，破五這一天忌出門，而且要將鮮肉
放在鍋中炙烤，還要爆炒麻豆，令其崩裂發聲，認為這
樣可以崩除窮氣，求得財運。

此外舊時除夕或正月初五要吃得特別飽，俗稱「填
窮坑」。民間廣泛流行的送窮習俗，反映了中國人民普
遍希望辭舊迎新，送走舊日貧窮困苦，迎接新一年的美
好生活的傳統心理。

祭財神

南方人在正月初五祭財神。民間傳說，財神即五路神。所謂五路，指東西南北中，意為出門五路，皆可得財。

清代顧祿《清嘉錄》云：「正月初五日，為路頭神誕辰。金鑼爆竹，牲醴畢陳，以爭先為利市，必早起迎之，謂之接路頭。」又說：「今之路頭，是五祀中之行神。所謂五路，當是東西南北中耳。」上海舊曆年有搶路頭的習俗。正月初四子夜，備好祭牲、糕果、香燭等物，並鳴鑼擊鼓焚香禮拜，虔誠恭恭敬敬財神。初五日俗傳是財神誕辰，為爭利市，故先於初四接之，名曰「搶路頭」，又稱「接財神」。

二月二

民諺曰：「二月二，龍抬頭。」農曆二月初二前後是廿四節氣之一的驚蟄。據說經過冬眠的龍，到了這一天，就被隆隆的春雷驚醒，便抬頭而起。所以古人稱農曆二月初二為春龍節，又叫龍頭節或青龍節。故這一天人們便到江河水畔祭龍神。

中元節

農曆七月十五中元節，俗稱「鬼節」，節日的慶祝活動從農曆七月初一開始，直到七月三十日，長達一個月。

祭祖節

十月初一，謂之「十月朝」，又稱「祭祖節」。

中國自古以來就有新收時祭祀祖宗的習俗，以示孝敬、不忘本。故人們也在十月初一用黍矋祭祀祖先。

十月初一祭祀祖先，有家祭，也有墓祭，南北方都是如此。今天江南的許多地區，還有十月初一祭新墳的習俗。

過小年

農曆臘月二十三日（或二十四日），民間稱為過小年，是祭祀灶君的節日。

祭灶的風俗，由來甚久。灶君，在夏朝就已經成了

民間尊崇的一位大神。記述春秋時孔丘言行的《論語》中，就有「與其媚輿奧，寧媚與灶」的話。先秦時期，祭灶位列「五祀」之一（五祀為祀灶、門、行、戶、中霤五神。中霤即土神。另一說為門、井、戶、灶、中霤；或說是行、井、戶、灶、中霤）。

祭灶時要設立神主，用豐盛的酒食作為祭品。要陳列鼎俎，設置籩豆，迎屍等等。帶有很明顯的原始拜物教的痕跡。

天貺節

該節起源於宋真宗趙恆。某年的六月六日，他聲稱上天賜給他天書，遂定這天為天貺節，還在泰山腳下的岱廟建造一座宏大的天貺殿。

天貺節的民俗活動，雖然已漸漸被人們遺忘，但有些地方還有殘餘。江蘇東台縣人，在這一天早晨全家老少都要互道恭喜，並吃一種用麵粉摻和糖油製成的糕屑，有「六月六，吃了糕屑長了肉」的說法。

16. 天文、曆法常識

三垣、四象、二十八宿

　　三垣、四象、二十八宿是中國古代對星空的劃分，它們的起源遠在周、秦以前。三垣是北天極周圍的三個區域，即紫微垣、太微垣和天市垣。四象分布於黃道和白道近旁，環天一周。每象各分七段，稱為「宿」，總共為二十八宿。它們是：

　　東方蒼龍之象，含角、亢、氐、房、心、尾、箕七宿。

　　南方朱雀之象，含井、鬼、柳、星、張、翼、軫七宿。

　　西方白虎之象，含奎、婁、胃、昴、畢、觜、參七宿。

　　北方玄武之象，含斗、牛、女、虛、危、室、壁七宿。

古代天文學

西元前12世紀，中國殷末周初採用28宿劃分天區。中國《詩經‧小雅》中有世界最早的可靠的日食記錄。西元前約700年，中國甲骨文上有觀察彗星的記錄。

西元前7世紀，中國用土圭測定冬至和夏至，劃分四季。西元前611年，中國有彗星的最早記錄，這個彗星即後來命名的哈雷彗星。

十二時辰小常識

子時：夜半十一時至翌晨一時，古時尚有午夜、子夜、夜半、夜分、宵分、未分、未且、未央等別稱。

丑時：晨一時至三時，又稱雞鳴。

寅時：三至五時，別稱騎旦、平明、平旦。

卯時：五時至七時，為古時官署開始辦公的時間，故又稱點卯。因是時正值朝暾冉冉東昇，故又謂之日出。

辰時：七時至九時，別稱食時。

巳時：九時至十一時，巳時又稱「隅中」。

午時：十一時至十三時，別稱日中，而正午十二時又有平午、平晝、亭午等別稱。

未時：十三時至十五時，此時太陽蹉跌而下，開始偏西，故又謂之日側、日映。

申時：十五時至十七時，別稱哺時、日哺。

酉時：十七時至十九時，酉時又叫日入。

戌時：十九時至二十一時，別稱黃昏。

亥時：二十一時至二十三時，此時正是夜闌人靜之夕，故又稱人定。亥時又稱黃（yin）夜。

中國古代計時單位

時：指時辰。古代一晝夜分為十二個時辰，每一個時辰折合現在的兩小時。以十二地支為名，從夜間十一時起算，夜半十一時至一時是子時，其餘類推。

刻：古代用漏壺計時，一晝夜共一百刻，一刻合現在十四分二十四秒。頃刻，指很短的時間。

更：一夜分五更，每更約兩小時，大致分為：晚七時至九時為一更，九時至夜十一時為二更，其餘類推。

鼓：古代夜間擊鼓報更，故以其為更的代稱。

點：古代用銅壺調漏計時，以下漏擊點為名。一夜分五更，一更又分五點。一點合現在二十四分鐘。

時間古稱

歲：年

邇年：近幾年

期月：一整年（月）

曩：從前

久之：很久

異日：將來

日：一天天

翌日：明天

夙：早晨

亭午：正午

食頃：一頓飯工夫

卒：同「猝」、突然

倏爾：忽然

輒：常常

宵：晚上

翼日：明天

旦：早晨

質明：天亮了

暮：傍晚

暝：天黑了

中夜：半夜

夜闌：夜深

邇來：從那時以來

嘗：曾經

瞬息：一眨眼

俄而：一會兒

少頃：一會兒

頃之：一會兒

斯須：一會兒

夜分：半夜

子時：半夜

失時：過時

是年：這一年

期年：滿一年

積年：好幾年

向：從前

良久：很久

日日：天天

素：一向

既望：陰曆十六

垂：將近

初：剛開始

尋：不久

已而：不久

既：已經

適：剛才

幾：將近

未幾：沒多久

旋：立刻、馬上

遽：立刻、馬上

俄：一會兒

頃刻：一會兒

俄頃：一會兒

須臾：一會兒

逾時：過了一會兒

亟：急切、趕快

秋：時候

奄：突然

上古、中古、三古

上古

文稱「遠古」，指有文字以前的時代，《易》：「上古穴居而野處……上古結繩而治」。《韓非子》：「上古之世，人民少而禽獸眾」。如與「中古」並提時，一般指秦漢以前即夏、商，週三代。

中古

次於上古的時代但說法不一。《易》：「《易》之興也，其於中古乎？」中古指商周之間。「中古之世，天下大水，而鯀禹決瀆，」（《韓非子》）「中古」指傳說中的虞夏時期。「夫蜀都者，蓋兆基於上世，開國於中古。」（《三都賦》）「中古」指秦代。現在一稱漢代以後、宋以前為中古。

三古

即上古、中古、下古。但說法不一。《漢書》：「伏羲上古、文王中古、孔子下古」《禮》：「伏羲上古、神農中古、五帝下古。」

農曆是多季節曆嗎？

農曆本身就是多季節曆法。例如它按「四立」節氣劃分春夏秋冬四季。但又不排除其他的劃分法，如按氣溫劃分，如天氣劃分為干雨風寒季等，可見農曆為了適應各地氣候對待這個問題是有包容性的。有人認為農曆不是季節曆法是不恰當的。

黃歷與皇歷

西漢以前，中國使用的六種古曆法。即黃帝歷、顓頊歷、夏歷、殷歷、周歷和魯歷。傳說以黃帝時創造的曆法為最古，唐代詩人盧照鄰《中和樂·歌登封章》「炎國喪寶，黃歷開睿」，黃歷就是黃帝歷的簡稱，所以人們習慣把歷書稱為黃歷。後來的黃歷，往往摻雜了許多宣揚吉凶忌諱的內容，迷信色彩很濃，黃歷便成了舊歷書的代名。

歷代皇帝都很重視曆法。9世紀初的唐皇朝曾下令，歷書必須經皇帝親自審定後才能頒布，並且規定了只許官方印，不准私人印。從此，歷書就成了「皇歷」。

關於「皇歷」一詞，據說與宋太宗有關，宋太宗每

年到了歲晚，都給文武百官各送曆書一本，這本曆書裡刻有農曆日期節令，以及在耕作種植方面的普通知識。因為曆書是皇帝所送，故此叫它做「皇曆」。

中國古代曆算中的「三正」

中國古代的「三正」一說是夏正、殷正、周正；夏正以正月為歲首，殷正以十二月為歲首，周正以十一月為歲首。上述三正實際上是中國古代各諸侯國使用的三種曆法。

另一說是在曆算上有：天正，是太陽光照量的「最少極點」月，從這個月起，白天增長；地正，是氣溫的「寒極點」，從這個月起，氣候就要轉暖；人正，太陽光照量達到冬至和春分的一半，是氣溫開始轉暖，標誌春天的開始。我們現行農曆在曆算上使用「天正」，在民用年上用「人正」。

回曆曆法

以新月出現為初一，單月為30日，雙月為29日；每30年加11個閏日，置於12月末；閏日加在閏周的第2，

5，7，10，13，16，18，21，24，26，29的年份裡；採用累積紀年法，即西元622年7月16日（星期五），穆罕默德出走麥地那那日。

因阿拉伯地區多處於近赤道多沙漠地區，白天日光太熱，人們不便於活動，人們利用月夜進行活動，所以一日之始為日落時刻。

星期五是休息日，回曆10月1日是開齋節，回曆12月10為古爾邦節；回曆平均約33年和回歸推移一周。

中國古代的二十八宿的作用和它的全稱

中國古代把黃赤道帶分成二十八個星宿，它的主要作用是月亮差不多每一天都行至一宿，利用它來描述月亮，太陽及五星的位置。

中國唐代的歷算家袁天罡把它和七曜及包括十二生肖在內的二十八種動物結合形成了它的全稱為：

東方青龍：角木蛟、亢金龍、氐土貉、房日兔、心月狐、尾火虎、箕水豹

南方朱雀：井木犴、鬼金羊、柳土獐、星日馬、張月鹿、翼火蛇、軫水蚓

西方白虎：奎木狼、婁金狗、胃土雉、昴日雞、畢月烏、觜火猴、參水猿

北方玄武：鬥木獬、牛金牛、女土蝠、虛日鼠、危月燕、室火豬、壁水貐

干支紀年法的由來

中國古代的一種紀年法。即以甲、乙、丙、丁、戊、己、庚、辛、壬、癸為十干，子、丑、寅、卯、辰、巳、午、未、申、酉、戌、亥為十二支，把干、支順序配合。週而復始，循環不已。中國農曆現仍沿用干支紀年。干支紀年萌芽於西漢，始行於王莽，通行於東漢後期。

漢章帝元和二年，朝廷下令在全國推行干支紀年。有人認為中國在漢武帝以前用干支紀年。可是，這就是太歲紀年，用太歲所在紀年，干支表示十二辰。木星11.862年繞天一周，所以太歲約86年多走過一辰，這叫做「超辰」。

在顓頊曆上，西漢武帝太初元年是太歲在丙子，太初曆用超辰法改變為丁丑。漢成帝末年，由劉歆重新編訂的三統曆又把太初元年改變為丙子，把太始二年從乙

酉改變為丙戌。還東漢的歷學者沒用超辰法。所以太歲紀年和干支紀年從太始二年表面一樣。

公歷月份大小的簡便記法

握起拳頭，按從食指到小指的順序，看著手指關節數月份，如：食指關節就是一月大，食指和中指之間的凹部就是二月小，中指關節突起，就是三月大，以此類推，知道小指數到七月大，接下來八月又從食指關節開始，就是這樣，很簡便，而且一輩子都忘不了。

二十四節氣歌

春雨驚春清天谷，夏滿芒夏暑相連。
秋處露秋寒霜降，冬雪雪冬小大寒。
每月兩節不變更，最多相差一兩天。
上半年來六廿一，下半年是八廿三。

17. 科技常識

中國四大發明

火藥、指南針、造紙術、印刷術。

指南針

指南針是中國古代四大發明之一。早在戰國時代，中國就已經出現利用天然磁鐵礦石琢成的指南針，當時稱為「司南」。其實，真正地指向是北而不是南，那為什麼不稱「司北」或「指北針」呢？這與中國對方位的傳統認識有關。

中國古代一直以「南」為南北方位之主，面向南方為尊位。曾有「南面而王，北面而朝」之說，即面朝南方的稱帝王，面朝北方的則是朝拜君王的臣子。因此，指南針雖指北，人們仍叫它「司南」、「指南針」。

石油

中國很早就有使用石油的記載，但古時不叫「石油」。秦漢時候，在高奴縣（今延安一帶）人們發現洧水上漂浮一層黑漆似的東西，搜集起來，可以當燃料。這種未經提煉的石油，又稠又黑，猶如黑漆，所以當地人叫它「石漆」。

正式把這東西稱作石油，是北宋的沈括。他在《夢溪筆談》這部筆記體著作中說：「延境內有石油，舊說高奴縣出『脂水』即此也。」

當時他還弄不清石油的生成，也不懂開採，只是看到噴冒於地面的一些油苗。但他所起的「石油」名詞，由於形象且通俗，一直沿用到今天。

避雷針

美國學者富蘭克林於1752年做了譽滿全球的「風箏試驗」，對解釋自然界中放電現象做出了不朽的貢獻，並於1760年在美國費城建造了第一個避雷針。

但是，有一個外國修道士馬卡連在他遊歷中國之後，於1688年出版了一本介紹中國的書，書裡談到中國

當時的房屋建築時寫道：「屋頂的四角被雕飾成龍頭的形狀，仰著頭，張著嘴。在這些怪物的舌頭上有一根金屬芯子，這金屬芯子的末端一直通到地裡。如果有雷打在房屋上，電就會順著龍的舌頭跑到地裡，不會產生任何危險。」

馬卡連的觀察比富蘭克林差不多早100年，由此可知，中國人發明避雷針遠比富蘭克林早。

世界上第一架地震儀

在張衡所處的東漢時代，地震比較頻繁。為了掌握全國地震動態，他經過長年研究，終於在西元132年發明了候風地動儀——世界上第一架地震儀。儀器的內部中央有一根銅質「都柱」，柱旁有八條通道，稱為「八道」，還有巧妙的機關。儀體外部周圍有八個龍，按東、南、西、北、東南、東北、西南、西北八個方向布列。龍頭和內部通道中的發動機關相連，每個龍頭嘴裡都銜有一個銅球。對著龍頭，八個蟾蜍蹲在地上，個個昂頭張嘴，準備承接銅球。當某個地方發生地震時，樽體隨之運動，觸動機關，使發生地震方向的龍頭張開嘴，吐出銅球，落到銅蟾蜍的嘴裡，發生很大的聲響。於是人們就可以知道地震發生的方向。

夜明珠黑夜發光的原因

「夜明珠」的發光的現象，與礦物中電子的移動有關，它與礦物含有某些元素雜質以及晶體缺陷的關係更大。當能量作用於某些雜質元素，其中一部分電子被「激發」從低能帶躍入高能帶，而當電子從高能帶再返回低能帶時，便將獲得的能量以可見光的形式釋放出來，從而形成了「夜明珠」。

油桶為什麼是圓柱形

油桶、熱水瓶等都是裝液體的容器，往往都是圓柱形的。

一個面積為100平方公分的正方形的周長是40公分；同樣面積的等邊三角形的周長約等於45.6公分；而同樣面積的圓的周長只有35.4公分。這就是說，面積相同時，在圓、正方形和等邊三角形等圖形中，等邊三角形的周長最大，正方形的周長較小，圓的周長最小。

所以，裝同樣體積的液體的容器中，如果容器的高度一樣，那麼，側面所需的材料就以圓柱形的容器最省。因此，油桶、熱水瓶等裝液體的容器，大都是圓柱形的。

18. 醫學常識

人體小常識

1. 人體共有骨206塊，約占體重20%。

2. 人體肌肉數量多、分布廣，約佔人體總量40%。

3. 人的消化管由口到肛門，共約長9米。

4. 人有乳牙20顆，恆牙32顆。

5. 人胃充滿時容量約有3000毫升。

6. 小腸全長約5至7米，大腸約1.5米。

7. 人的氣管長11至13公分。

人體之最

1. 人體最大的器官 —— 皮膚

2. 人體最大的細胞 —— 成熟的卵細胞

3. 人體最大的淋巴器官、免疫器官 —— 脾

4. 人體內最大、最粗和最長的神經 —— 坐骨神經

5. 人體最大的外分泌腺 —— 肝臟

6. 人體最小的骨 —— 聽小骨

7. 人體最長最粗壯的骨 —— 股骨

8. 人體最有力的骨骼肌 —— 腓腸肌

9. 人體最細小的血管 —— 毛細血管

10. 人體最細小的淋巴管 —— 毛細淋巴管

11. 人體結構中最堅硬的物質 —— 牙釉質

12. 人體最高級的神經中樞 —— 大腦皮層

13. 人體最厚的皮膚 —— 手掌和足底的皮膚

醫院的由來

　　西元2年，西漢黃河流域一帶瘟疫流行，皇帝劉衍下令，騰出一些房屋，設置醫生、藥物，免費給百姓治病。這可能是世界上最早的居民隔離醫院。西元734年，唐朝設有「患坊」，用以收容貧困的殘廢人和乞丐；還有「癘人坊」，專門隔離及醫治麻風病人。宋代，醫療事業有了很大的發展，醫院組織漸趨周密。當時朝廷開設的醫院叫做「安劑坊」，內有專職管理人員和醫生，有病房，並有病歷表。朝廷還會根據醫生的醫療成績給予適當的獎勵。

　　歐洲最早創立醫院的是法國的里昂和巴黎，分別於6世紀和8世紀創建的，晚於中國五六個世紀；英國倫敦是在7世紀建立醫院的。

人體主要有哪些激素

1. 雄性激素，來源睪丸，作用是男性性徵的發育；刺激蛋白質的生成。

2. 雌性激素，來源於卵巢；胎盤，女性性徵的發育。

3. 甲狀腺素，來源於甲狀腺，作用是生長，維持氧消耗量和熱的保持。

4. 胰島素，來源於胰臟，降低血糖；促進組織細胞利用糖；促進脂肪和蛋白質製造。

5. 胃泌素，來源腸道黏膜組織，促進胃液的分泌。

6. 腸泌素，來源腸道黏膜組織，促進胰液和膽汁的流動。

7. 膽汁，來源腸道黏膜組織，有助於膽囊的收縮。

8. 血管收縮素，來源於血球細胞，作用是提高血壓，促進腎上腺皮質分泌醛固酮。

9. 醣皮質類固醇，來源腎上腺皮質，促進醣類的合成，蛋白質的代謝；對外來壓力的舒適。

10. 腎上腺素，來源於腎上腺髓質，能增加心跳速率、血壓、心輸出量以及通過骨骼肌、肝臟和大腦的血流量；造成皮膚蒼白、血糖含量升高，抑制腸道功能。

11.生長激素，來源於腦下垂體；前葉，作用是蛋白質的合成；骨骼和肌肉的成長；脂肪和醇類的代謝。

12.濾泡激素，來源於腦下垂體，前葉，對於女性，卵巢濾泡的形成；對於男性，精子的形成.

13.黃體生成激素，來源腦下垂體，前葉，對於女性，黃體的形成，動情激素與女性激素的分泌；對於男性，睪丸男性激素的分泌。

14.催產素，來源下視丘（神經分泌細胞），作用是乳汁的分泌，分娩，精子細胞的運送。

生物毒素

又稱生物毒。是由各種生物產生的有毒物質，為天然毒素。生物毒素的種類繁多，幾乎包括所有類型的化合物，其生物活性也很複雜，對人體生理功能可產生影響；不僅具有毒理作用，而且也具有藥理作用，常用作生理科學研究的工具藥，也被用作藥物。按來源可分為植物毒素、動物毒素、海洋毒素和微生物毒素。某些毒素具有極毒，如肉毒桿菌毒素；一般也有相當大的毒性，被有毒動物或昆蟲蜇傷或攝入有毒植物等均可發生中毒，甚至死亡。

女子比男子的壽命長

　　女子比男子的平均壽命大約長6.5歲。祕密藏於她們體內。

　　1. 免疫系統好，並因女性激素而增強。因此，她們自童年起受感染就較少。

　　2. 月經。婦女每次月經都會失去鐵質。哈佛大學教授蘭·勞費爾說：「鐵太多有損心臟，使動脈中的沉積物增多，加快腫瘤的生長」。

　　3. 雌激素保護心臟。65週歲以前婦女得心臟病較少。雌激素促進良性固醇的形成。

　　4. 懷孕有益健康。每次妊娠都會降低乳腺癌的危險。

感冒的由來

　　南宋年間，館閣設有輪流值班制度，每晚安排一名閣員值宿。當時值班閣員開溜成風，每次開溜都得為自己找藉口，由於約定俗成，值班登記簿上均寫為「腸肚不安」。有位名叫陳鵠的太學生，硬被拉去館閣值宿。他開溜時，偏不循例照寫「腸肚不安」，卻標新立異，大書「感風」二字。

　　因為，很長時期內，中醫對病因的表述都不規範明晰。南宋醫學理論家陳無擇首次將病因區分為外因、內因、不內外因三大類；外因又分為六淫，即風、寒、暑、濕、燥、火等六種反常氣候變化。

　　顯然，陳鵠對這種新學說有所瞭解。故而，在開溜時假借六淫之首「風」，並前綴以「感」—感者，受也。

　　陳鵠所創，為後數世官場所襲用。直至清代，又發生了轉變。清朝，官員辦畢公事，多會請假休息，例稱請「感冒假」。「冒」，透出之意。「感冒假」即意為：本官在為該公務操勞之際，已感外淫，隱病而堅持至今，症狀現已爆發出來！故而不得不請假休養。從此，「感冒」就成為感受風寒等外感病的一個代名詞。

中國草藥之鄉

　　人參之鄉——吉林撫松縣

　　三七之鄉——雲南文山縣

　　天麻之鄉——貴州赫章縣

　　甘草之鄉——寧夏鹽池縣

　　田七之鄉——廣西靖西縣

　　當歸之鄉——甘肅岷縣

肚倍之鄉——湖北竹山縣

枸杞之鄉——寧夏中寧縣

黃連之鄉——湖北利川市

五味與養生

甜：中醫認為，甜入脾。食甜可補養氣血，補充熱量，解除疲勞，調胃解毒。但糖尿病、肥胖病、心血管等患者宜少食。

酸：中醫講「酸生肝」。酸味食物有增強消化功能和保護肝臟的作用，常吃不僅可以助消化，殺滅胃腸道內的病菌，還有防感冒、降血壓、軟化血管之功效。以酸味為主的西紅柿、山楂、橙子，均富含維生素C，可防癌、抗衰老，防治動脈硬化。

苦：古有良藥苦口之說。中醫認為「苦生心」，「苦味入心」。苦味具有除濕和利尿的作用。如苦瓜，常吃能治療水腫病。

辣：中醫認為，辣入肺。有發汗、理氣之功效。人們常吃的蔥、蒜、姜、辣椒、胡椒，均是以辣為主的食物，這些食物中所含的「辣素」既能保護血管、又可調理氣血、疏通經絡。經常食用，可預防風寒感冒。但患

有痔瘡便祕、神經衰弱者不宜食用。

　<u>鹹</u>：為五味之冠，百吃不厭。中醫認為「鹹入腎」，有調節人體細胞和血液滲透、保持正常代謝的功效。嘔吐、腹瀉、大汗之後宜喝適量淡鹽水，以保持正常代謝。

中國古代女醫生

　西漢的義妁是中國歷史上早期著名的女醫生。她懸壺濟世，深受百姓愛戴。漢武帝得知義妁的醫術後，便將她徵入宮，封為女侍醫，專為皇太后治病，深得太后的信任。

　晉代鮑姑也是一代女名醫，相傳針灸是她發明的。

　明代女醫談允賢。由於封建社會禮教的束縛，羞於請男醫診治，因而常常貽誤病情。談允賢醫術精湛，遠近聞名，女性患者紛紛前往。她著有一部《女醫雜言》傳給後人。

中國歷代名醫

　扁鵲，戰國秦越人。著有《扁鵲內經》、《外經》、《難經》；

華佗，東漢。發明「麻沸散」；

張仲景，2—3世紀。著有《傷寒論》；

孫思邈，著有《千金方》；

李時珍，明代。著有《本草綱目》。

大夫

宋朝，醫事制度和醫學教育都有了相當的發展，負責管理醫療行政的官職很多，宋制翰林醫官院醫官就分七級，而官職就更多了，有22種。

醫宮中最高級是大夫，其次為郎，又稱郎中，以下便是醫效、祗候等。後世的人，因為大夫是醫官最崇高的職位，所以把大夫作為醫生的尊稱，又因為醫宮中也有郎中一職，因而也有人把醫生稱作郎中。

不過，在中國古人的習慣上，大夫和郎中也略有區別。一般設館醫人的醫生，都稱為大夫；至於草藥店或上街高喊包醫奇難雜症的醫生，卻稱他為郎中。

坐堂醫

坐堂醫是指在中藥店中為患者診脈看病的中醫大夫。坐堂醫源於漢代名醫張仲景。傳說他在每月的初一和十五,坐在長沙太守的堂上行醫,且分文不收,故此得名。

郎中

古代南方對醫生的一種稱謂,郎中作為醫生的稱呼始自宋代。宋以前,對醫生的稱呼較為複雜,一般根據其專科進行稱呼,如食醫、疾醫、金瘡醫等。宋代始,南方習慣稱醫生為郎中,北方則稱醫生為大夫。相沿至今。

病歷

病歷是醫務人員對病人患病經過和治療情況所作的文字記錄。在中國,最早的病歷出現於漢初,當時稱為「診籍」,為當時名醫淳于意所創。

西元前6世紀，古希臘阿戈利斯灣的東海岸，有個伯羅奔尼撒半島，其中有一個村子裡豎立著一尊石像，這個石像就是傳說中的醫神阿克勒庇斯。

由於人們非常信仰醫神阿克勒庇斯，因此，這裡幾乎每天都有不少病人前來頂禮膜拜，祈禱自己的病情早日得到根治。

為此，廟內的祭司們便專門騰出一間房子，為這些虔誠的病人治病，並將每個病人的病情、症狀、治療結果一一記錄在案，作為病人檔案妥善保管起來。於是，就成了歐洲最早的病歷。

注射器

據醫學史書記載，注射器出現的最初形態是灌腸器。中國漢代醫學家張仲景在他的《傷寒論》陽明全篇中寫道：「陽明病，自汗出，若發汗，小便自利者，此為津液內竭，雖硬不可攻之，當須自欲大便，宜蜜煎導而通之。若土瓜根及大豬膽汁，皆可為導。」在此書的「豬膽汁方」一文中又明確指出：「大豬膽一枚，瀉汁和陳醋少許，以灌谷道（肛門）內，如一食頃，當大便，出宿食惡物甚效。」如何「灌谷道」呢？他寫道：

「以小竹管……內入谷道中。」這種小竹管就是灌腸器一注射器。

雲南白藥

相傳，雲南白藥是雲南江川人曲煥章研製出來的。

曲煥章20歲時，開始在家鄉獨立行醫。他曾見過斷蛇吞食一種不知名的野草後，能將斷端接上了。受傷的老虎吃了一種野草後，傷口很快止住血。因此，他將這些草藥採集回家，經過實驗，發現治療損傷效果奇佳。

後來，曲煥章經多方搜集和整理民間有效的治療草藥，結合自己的經驗，反覆篩選配製，於1914年正式生產出「曲煥章白藥」，當時也稱「百寶丹」。現在，雲南白藥已經成為中國一家著名的股份公司。

仁丹

康熙年間，蘇州有個叫雷允上的郎中，用蟾酥、麝香等六味藥製成藥丸，聲稱是經神仙指點而製成的，故取名六神丸。

六神丸傳到日本後，日本商人見它的功效神奇，對

之讚歎不已,便想求得此方。有一商人來到中國,想用
重金購買配方。但雷允上不願賣出此祕方,更不願出讓
給東洋人。無奈之下,日本商人便從藥店的帳房先生身
上尋求突破口,使用重金賄賂,最終套出了六神丸配方
的祕密。但具體的劑量和製造工藝卻無從得之,雖經無
數次的試驗,但無法做到像六神丸那樣大小,功效也無
法和六神丸相比,日本商人也只得作罷。

隨後,日本商人便以八字鬍須為商標,名為「仁
丹」。好在那藥丸也有一定的藥用價值,不久,日本的
仁丹也出名了,但總不及六神丸名震海內外。

萬金油的由來

萬金油與今天的清涼油相似,全稱「永安堂虎標萬
金油」。

民國年間,原籍福建永安的華僑鬍子欽,在緬甸仰
光開設了一個中藥鋪,取名為「永安堂」。其次子胡文
虎,14歲後,協助父親經營中藥鋪。

胡文虎聰明好學,幾年後便學得不少醫術,善於對
症下藥。由於南洋的氣候炎熱,頭昏病尤為常見。於
是,胡文虎想尋求一種效快、價優、攜帶方便的大眾化

藥品，來治療頭昏病。為此，他到泰國、日本等國去暸解製藥業的工藝，並聘請相應的專家進行研究。經過精心篩選，終於製成了萬金油。

由於胡文虎自身精通廣告術，通過自辦的《星島日報》、《星洲日報》、《虎報》的廣告宣傳，使「萬金油」一時揚名於天下。

1954年，胡文虎在美國檀香山溘然長逝。他死後30餘年，風靡一時的萬金油王國由於管理不善最終倒閉，被配料更為科學的清涼油取而代之。

靈芝為什麼靈

經現代科學家鑑定，靈芝屬於真菌的擔子菌類低等植物。它跟蘑菇一樣，本體是菌絲，繁殖用「孢子」。它們沒有葉綠素，不能進行光合作用，而是寄生在活著的或腐朽的有機體上，靠吸收現成的營養生存。

根據化學分析：靈芝中含有人體所需要的許多營養物質，還含有多種藥理活性成分，如還原糖、多糖體……多種氨基酸等。

科學工作者對靈芝進行了深入的研究，發現靈芝中的微量元素「鍺」的含量特別豐富，竟比人參的含鍺量

高出4.5倍呢！

　　鍺具有與人體內的氫離子結合的本領，可增強體內氧的供應，有利於加速新陳代謝延緩細胞衰老的功能。鍺還被認為是一種能抑制癌細胞的物質。靈芝之所以特別靈，可能與它富含鍺元素有關。

冬蟲夏草

　　又稱冬蟲草、蟲草，它是麥角菌科真菌冬蟲夏草寄生在幼蟲蛾科昆蟲幼蟲上的子座及幼蟲屍體的複合體。冬蟲夏草主要生弛高海拔的森林草甸或草坪上；由於土質的緣故，生弛森林草甸上的冬蟲夏草顏色以暗黃棕色為主，生弛草原上的冬蟲夏草則以黃棕色為主；前者以四川、雲南、甘肅產為多，後者以西藏、青海產為多。

　　冬蟲夏草是一種傳統的名貴滋補中藥材，與天然人參、鹿茸並列為三大滋補品。它藥性溫和，一年四季均可食用，老、少、病、弱、虛者皆宜，比其他種類的滋補品有更廣泛的藥用價值。

「癌」字的由來

癌，古人稱之為不治之症，類似於現在所指的腫瘤之類。雖然，癌這種疾病古已有之，但癌字到宋代才出現。

西元1264年，楊士瀛在《仁齋直指附遺方》對癌作了如下描述：「痛者，上高下深，巖穴之狀，顆顆累垂……毒根深藏，穿孔透裡，男則多發於腹，女則多發於乳，或頸或肩或臂，外症令人昏迷。」這與現代臨床診斷相符。

由於古人對癌的病理、轉移等還不大瞭解，只知癌像岩石狀，堅硬凹凸，有毒根深植於體內，難以根治，如同岩石一樣頑固。於是，就將巖字加上病字頭，既成為「癌」字，且古時癌與巖通用。

至今，香港、台灣仍有將「癌」讀為「yan」的習慣。

針灸

針灸是中國獨特的醫療方法，已有數十年的歷史。古代醫療用的針分為9種，即民間傳說的「伏羲制九針」。西元259年左右，東漢著名醫學家皇甫謐著成《針

灸甲乙經》，是中國最早的針灸專籍之一，對中國晉代
以後針灸學的發展，起了很大作用，在國外也有一定影
響。

　　明代萬曆二十九年（西元1610年），針灸學家楊繼
洲，總結了明代以前針灸學的經驗和成就，編寫了一部
針灸學名著《針灸大成》。

　　此外，尚有《針灸資生經》、《針灸聚英》等許多
針灸著作，對促進中國針灸學的發展，做出了積極貢獻。

十五絡穴歌

　　人身絡穴一十五，我今逐一從頭舉，手太陰絡為列缺，
手少陰絡即通里，手厥陰絡為內關；足少陽絡為光明，
足太陰絡公孫寄，足少陰絡名大鐘，足厥陰絡蠡溝配，
陽督之絡號長強；陰任之絡號尾翳，脾之大絡為大包，
十五絡脈君須記。

食療歌

生梨飯後化積痰，蘋果消食營養高。

木耳抗癌素中葷，黃瓜減肥有成效。

大蒜抑制腸胃炎，菜花常吃癌症少。

胡椒驅寒兼除濕，蔥辣薑湯治感冒。

白菜利尿排毒素，蘑菇能滅癌細胞。

蘿蔔化痰消脹氣，冬瓜祛脹又利尿。

番茄補血駐容顏，健胃補脾吃紅棗。

魚蝦豬蹄下乳汁，豬牛羊肝明目好。

紫茄祛風通脈絡，潤肺烏髮食核桃。

香蕉含鉀解胃火，禽蛋益智心開竅。

蜂蜜潤肺又益壽，葡萄悅色人不老。

19. 名人名著常識

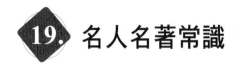

中國神話傳說人物

為父報仇 —— 眉間尺

挖山不止 —— 愚公

錯奔月宮 —— 嫦娥

射日英雄 —— 后羿

哭倒長城 —— 孟姜女

煉石補天 —— 女媧

逐日英雄 —— 夸父

撞斷天柱 —— 共工

開天闢地 —— 盤古

發明八卦 —— 伏羲

治水救災 —— 大禹

猛志常在 —— 刑天

銜石填海 —— 精衛

銅頭鐵額 —— 蚩尤

中國古代史學八大家

左丘明——春秋魯國人，《左傳》，編年體始者。

司馬遷——西漢人，《史記》，首創正史紀傳體。

班固——東漢人，《漢書》，開創斷代史體例。

劉知幾——唐代人，《史通》，中國第一個史學批評家。

杜佑——唐代人，《通典》，中國第一部記述軾章制度的通史。

司馬光——北宋人，《資治通鑑》，編年史第一巨著。

袁樞——南宋人，《通鑑記事本末》創立了記事本末的體裁。

顧炎武——明清之際學者，《天地郡國利病書》。

初唐四傑

初唐文學家王勃、楊炯、盧照鄰、駱賓王的合稱。《舊唐書·楊炯傳》說：「炯與王勃、盧照鄰、駱賓王以文詩齊名，海內稱為王楊盧駱，亦號為『四傑』」。

唐宋八大家

唐宋八大家是唐宋時期八大散文代表作家的合稱，即唐代的韓愈、柳宗元和宋代的蘇洵、蘇軾、蘇轍、歐陽修、王安石、曾鞏。

竹林七賢

中國三國魏七位名士的合稱，成名年代較「建安七子」晚一些。包括：魏正始年間（嵇康、阮籍、山濤、向秀、劉伶、王戎及阮咸。）七人常聚在當時的山陽縣竹林之下，肆意酣暢，故世謂竹林七賢。

建安七子

建安年間七位文學家的合稱。包括：孔融、陳琳、王粲、徐干、阮瑀、應瑒、劉楨。「七子」之稱，始於曹丕所著《典論・論文》。

中國文學家之別號

四明狂客——初唐詩人賀知章

青蓮居士——唐代詩人李白

少陵野老——唐代大詩人杜甫

香山居士——唐代大詩人白居易

玉溪生——唐代詩人李商隱

六一居士——北宋文學家歐陽修

東坡居士——北宋文學家蘇軾

山谷道人——北宋詩人黃庭堅

易安居士——南宋女詞人李清照

中國著名作家的原名

巴金——李芾甘

秦牧——林覺夫

白樺——陳佑華

沙汀——楊朝熙

冰心——謝婉瑩

田漢——田壽昌

夏衍——沈端先

丁玲──蔣冰之

楊沫──楊成業

老舍──舒舍予

周揚──周起應

柳青──劉蘊華

魯迅──周樹人

郭沫若──郭開貞

周作人──周魁壽

楊朔──楊毓晉

朱自清──朱自華

元曲四大家及其代表作

關漢卿代表作是《竇娥冤》、《救風塵》

白樸代表作是《牆頭馬上》

馬致遠代表作是《漢宮秋》

鄭光祖代表作是《倩女離魂》

中國名著的寫作時間

沈括寫《夢溪筆談》費了9年光陰

曹雪芹寫《紅樓夢》傾注了10年心血

司馬遷寫《史記》用了15個春秋

王禎珞《農書》熬過了15個寒暑

孔尚寫《桃花扇》前後用了15年

玄奘寫《大唐西域記》用了17年

司馬光寫《資治通鑑》花了19年

班固寫《漢書》花了20餘年心血

宋應星寫《天工開物》用了20年精力

李汝珍寫《鏡花緣》歷時20年而成

許慎寫《說文解字》花了22年

李時珍寫《本草綱本》用了27年時間

王充寫《論衡》費了30多年的精力

顧炎武寫《日知錄》花了30年時間

朱起鳳寫《辭通》費了30年光陰

徐弘祖寫《徐霞客遊記》花了34年

中國十大古典悲劇及其作者

《竇娥冤》——元朝關漢卿

《漢宮秋》——元朝馬致遠

《趙氏孤兒》——元朝紀君祥

《琵琶記》——明朝高則誠

《精忠旗》——明朝馮夢龍

《嬌紅記》——明朝孟稱舜

《清忠譜》——清朝李玉

《長生殿》——清朝洪升

《桃花扇》——清朝孔尚任

《雷峰塔》——清朝方成培

中國十大古典喜劇及其作者

《救風塵》——元朝關漢卿

《西廂記》——元朝王實甫

《看錢奴》——元朝鄭廷玉

《中山狼》——明朝康海

《綠牡丹》——明朝吳炳

《牆頭馬上》——元朝白樸

《李逵負荊》——元朝康進元

《幽閨記》——元朝施君美

《玉簪記》——明朝高廉

《風箏誤》——清朝李漁

《十三經》指的是什麼

經，指儒家傳統的經典著作。從西漢到清代，有十三種儒家文獻漸次取得「經」的地位，形成了「十三經」。

最初儒家的經典為「六經」，就是孔子所說的「六經」，即《詩》、《書》、《禮》、《樂》、《易》、《春秋》。

在漢代，以《易》、《詩》、《書》、《禮》、《春秋》為「五經」，官方頗為重視，立於學官。

唐代有「九經」，也立於學官，並用以取士。所謂「九經」包括《易》、《詩》、《書》、《周禮》、《儀禮》、《禮記》和《春秋》三傳。

五代時蜀主孟昶刻「十一經」，排除《孝經》、《爾雅》，收入《孟子》，《孟子》首次躋入諸經之列。

南宋碩儒朱熹以《禮記》中的《大學》、《中庸》

與《論語》、《孟子》並列，形成了今天人們所熟知的《四書》，並為官方所認可，《孟子》正式成為「經」。

南宋光宗紹熙遠年，當時著名理學家朱熹在福建漳州將《大學》、《論語》、《孟子》、《中庸》彙集到一起，作為一套經書刊刻問世。這位儒家大學者認為「先讀《大學》，以定其規模；次讀《論語》，以定其根本；次讀《孟子》，以觀其發越；次讀《中庸》，以求古人之微妙處」。並曾說「《四子》、《六經》之階梯」（《朱子語類》）。朱熹著《四書章句集注》，具有劃時代意義。漢唐是《五經》時代，宋後是《四書》時代。至此，儒家的十三部文獻確立了它的經典地位。

中國古代書籍的第一部

第一部字典——《說文解字》

第一部詞典——《爾雅》

第一部韻書——《切韻》

第一部方言詞典——《方言》

第一部字書——《字通》

第一部詩集——《詩經》

第一部文選——《昭明文選》

第一部文藝理論書——《文心雕龍》

第一部神話集——《山海經》

第一部筆記小說集——《世說新語》

第一部論語體著作——《論語》

第一部編年體史書——《春秋》

第一部紀傳體史書——《史記》

第一部斷代史史書——《漢書》

第一部歷史批評著作——《史通》

第一部兵書——《孫子》

第一部古代制度書——《通典》

第一部農科書——《齊民要術》

第一部農技書——《天工開物》

第一部地理書——《禹貢》

第一部植物詞典——《全芳備祖》

第一部藥典書——《新修本草》

第一部本草書——《神龍本草經》

第一部藥書是——《黃帝內經素問》

第一部茶葉造作書——《茶經》

第一部建築學專著——《營造法式》

第一部養魚專著——《陶朱公養魚經》

第一部珠算書——《盤珠算法》

第一部最大的斷代詩選——《全唐詩》

第一部戲曲書——《閒情偶記》

第一部戲曲史書——《宋元戲曲韻史》

第一部圖書分類總目錄——《七略》

第一部語法專著——《馬氏文通》

第一部醫學著，是清乾隆年間吳門醫生唐大列的《吳醫匯講》

中國古代的十大兵書

《孫子兵法》——亦稱《孫子》、《吳孫子兵法》、《孫武兵法》，是中國現存最早的兵書，為春秋末孫武所作，共八十二篇，圖九篇。今存十三篇。

《孫臏兵法》——亦稱《齊孫子》，為戰國時期齊國孫臏所作。共八十九篇，圖四卷，該書總結了戰國中期以前的作戰經驗，繼承和發展了《孫子兵法》的軍事思想，包含著樸素的唯物論和辯證法。

《吳子》——由吳起、魏文侯、魏武侯輯錄，共四十八篇。它在軍事理論、作戰指揮藝術和一般戰術原則及建軍思想等方面，對《孫子》有新的發展。

《六韜》：——傳說為周代呂望（姜太公）所作，是戰國時的作品，現存六卷，即文韜、武韜、龍韜、虎

韜、豹韜、犬韜。

《尉繚子》——傳說為戰國時的尉繚所作。今傳本全書共二十四篇。

《司馬法》——：戰國時齊威王命大夫整理《古司馬兵法》，共一百五十篇，今存本僅五篇。

《太白陰經》：由唐代李筌撰寫，共十卷。《四庫全書》收錄的八卷本，是後人合併的。

《虎鈐經》——由宋代許洞撰寫，共二十卷，二百一十篇，內容主要發揮《孫子兵法》和《太白陰經》的觀點。

《紀效新書》——亦稱《紀效》，由明代戚繼光撰寫，共十八卷。是一本練兵和作戰經驗的總結。

《練兵實紀》——由戚繼光在薊鎮練兵時撰寫，正集九卷、附雜集六卷，此書和《紀效新書》亦稱戚氏兵書姐妹篇。

《詩經》

中國最早的詩歌總集。它收集了從西周初期至春秋中葉大約500年間的詩歌305篇。先秦稱為《詩》，或取其整數稱《詩三百》。西漢時被尊為儒家經典，始稱《詩經》，並沿用至今。

《論語》

　　《論語》是儒家學派的經典著作之一，由孔子的弟子及其再傳弟子編纂而成。它以語錄體和對話文體為主，記錄了孔子及其弟子言行，集中體現了孔子的政治主張、倫理思想、道德觀念及教育原則等。通行本《論語》共二十篇。論語的語言簡潔精練，含義深刻，其中有許多言論至今仍被世人視為至理。

《史記》

　　《史記》是中國歷史上第一部紀傳體通史，作者是西漢時期的司馬遷。記載了中國三千多年的歷史（黃帝至漢武帝），《史記》全書共一百三十篇，共五十二萬六千五百字，分為12本紀、8書、10表、30世家、70列傳五大部分。

　　《史記》約成書於西元前104年至西元前91年，本來是沒有書名的，司馬遷完成這部巨著後曾給當時的大學者東方朔看過，東方朔非常欽佩，就在書上加了「太史公」三字。「太史」是司馬遷的官職，「公」是美稱，「太史公」也只是表明誰的著作而已。《史記》最

初沒有固定書名，一般稱為《太史公書》，或稱《太史公記》，也省稱《太史公》。《史記》本來是古代史書的通稱，從三國開始，《史記》由通稱逐漸成為《太史公書》的專名。

中國古典名著的洋名

中國古典四大名著之一的《水滸傳》，最早德文譯為《強盜與士兵》；法文譯名為《中國的勇士們》；英文譯名為《在河邊發生的故事》

《西遊記》英文譯名為《猴》

《西廂記》譯成法文，題目成了《熱戀的少女─中國13世紀的愛情故事》

《聊齋誌異》的意大利文版譯為《老虎做客》

《趙氏孤兒》由法國文學家伏爾泰改寫後易名為《中國孤兒》

《警世通言》中的《杜十娘怒沉百寶箱》，德莫朗譯成《蒙辱的東方女性》，而英文譯名則是《名妓》

晚清四大小說雜誌

《新小說》主編是梁啟超。該刊1902年創於日本橫濱，次年改在上海刊行，1906年元月停刊，共出24期。連載過《二十年目睹之怪現狀》、《痛史》等名作。對促進晚清小說繁榮局面之形成有重大作用。

《繡像小說》為半月刊，李伯元主編，1903年5月創刊於上海，1906年4月停辦，共出72期。所刊作品之重要者如《老殘遊記》、《文明小史》等。該雜誌致力於宣傳資產階級改良主義思想，「以開導社會為原則」（阿英），其貢獻不能低估。

《月月小說》為月刊，1906年9月創刊於上海。初由汪維父編輯，第4期由吳沃堯、周桂笙繼任筆政，至1909年1月停刊，共出24期，以刊登短篇小說為主，開創了鴛鴦蝴蝶派的先河。

《小說林》由黃摩西任主編。1907年2月創刊，1908年10月停刊，共出12期。特點是以刊載翻譯小說和小說評論為主，因而它對晚清文學理論所作的貢獻，為其他刊物所不及。阿英曾充分肯定該刊發表的兩篇小說理論文章——《小說林發刊詞》和《小說林緣起》，指出它們對於小說的看法，「比之過去時代，是大大地邁進了一步」。

巨著萬言書評一句

《詩經》——先民的歌唱。

《左傳》——諸侯爭盟說。

《山海經》——神話的故鄉。

《楚辭》——澤畔的慧歌。

《孫子兵法》——不朽的戰爭藝術。

《老子》——生命的大智慧。

《墨子》——救世的苦行者。

《史記》——歷史的長城。

《莊子》——哲學的天籟。

《荀子》——人性的批判。

《天工開物》——科技的百科全書。

《戰國策》——雋永的說辭。

《資治通鑑》——帝王的鏡子。

《聊齋誌異》——瓜棚下的怪談。

《三國演義》——龍爭虎鬥。

《紅樓夢》——失去的大觀園。

《儒林外史》——書生現形記。

《老殘遊記》——帝國的最後一瞥。

20. 生物常識

動物園

　　據《詩經・大雅》記載，中國早在周文王時已在酆京（現陝西西安澧水西岸）興建靈台、靈沼，自然放養各種鳥、獸、蟲、魚，並在台上觀天象、奏樂。這是世界上最早由人工興建的自然動物園。此後的封建帝王也多建有不同規模的苑囿，選擇山丘茂林或水草叢生之地，設專人管理，放養禽獸，供戲樂狩獵。秦漢後，多在種植花木的苑囿中放養或設籠捨圈養動物，以供玩賞。

中國十大名花

　　梅花——花中君子

　　牡丹——花中之王

　　蘭花——天下第一香

　　月季——花中皇后

　　杜鵑花——花中西施

山茶花 —— 花中珍品

荷花 —— 花中仙子

桂花 —— 九里飄香

菊花 —— 花中四君子之一

水仙花 —— 凌波仙子

著名的四大古梅

晉梅 —— 據湖北《黃梅縣志》記載，這株晉梅乃是晉朝和尚支遁親手所栽。他當年從九華山帶來珍貴白梅一棵，來到黃梅的蔡山，植下此樹。

隋梅 —— 浙江天台國清寺的一株隋梅，距今已有1300多年歷史。隋梅相傳是佛教天台寺創始人智者大師親手栽植。

唐梅 —— 種植於浙江杭州超山大明堂院內的一株唐梅，素譽為「超山之寶」。據說，此梅因種植在杭州吳家橋龐姓園中，一直保留下來。在雲南昆明黑龍潭公園也有一棵唐梅，植於唐朝開元年間。

宋梅 —— 杭州超山的另一寶就是宋梅。這株宋梅植於超山之麓的報慈寺前，是六瓣名種（一般梅花是五瓣），距今已800多年了。

中國從國外引進的植物

玉米，馬鈴薯：原產於南美洲，明代中葉引入中國。

茄子：原產於印度，泰國，中國晉代即有引入記載。

菠菜：唐代貞觀21年由尼波爾引入。

西紅柿：原產於美洲，18世紀初入中國。

葡萄：原產於歐洲，西亞和北非一帶，漢武帝時，張騫出使西域帶回。

西瓜：原產於非洲，南宋初年傳入中國。

花生：原產於巴西，明代晚期傳入中國。

蘋果：中國現栽培的蘋果少數幾個品種系中國原產，多數為19世紀從歐洲引入。

荔枝為何又稱「妃子笑」

楊貴妃喜愛嶺南荔枝，就有人千方百計急運新鮮荔枝到長安，有詩云「一騎紅塵妃子笑，無人知是荔枝來」，所以荔枝又稱「妃子笑」。《唐國史補》有言：楊貴妃生於蜀，好食荔枝。南海所生，尤勝蜀者，故每歲飛馳以進……

楓葉為何會變紅

　　植物葉片除了含有葉綠素、葉黃素、胡蘿蔔等色素外，還有一種叫花青素的特殊色素，它是一種「變色龍」，它在酸性液中呈紅色。隨著季節更替，氣溫、日照相應增減，葉片中的主要色素成分也發生變化。

　　到了秋天，氣溫降低，光照減少，對花青素的形成有利，楓樹等紅葉樹種的葉片細胞液此時呈酸性，整個葉片便呈現紅色。所以說，是秋天的氣象條件染紅了它。

謝謝您購買　__大千世界：403 個中國文化面面觀__　與我們一起分享讀完本書後的心得。務必留下您的基本資料及電子信箱，使用我們準備的免郵回函寄回，我們每月將抽出一百名回函讀者，寄出精美禮物以及享有生日當月購書優惠！想知道更多更即時的消息，歡迎加入"永續圖書粉絲團"

您也可以使用以下傳真電話或是掃描圖檔寄回本公司電子信箱，謝謝！

傳真電話：（02）8647-3660　電子信箱：yungjiuh@ms45.hinet.net

●請針對下列各項目為本書打分數，由高至低 5～1 分。

　　　　　5 4 3 2 1　　　　　　　　　　5 4 3 2 1
1.內容題材　□□□□□　　2.編排設計　□□□□□
3.封面設計　□□□□□　　4.文字品質　□□□□□
5.圖片品質　□□□□□　　6.裝訂印刷　□□□□□

●您購買此書的地點及店名_____

●您為何會購買本書？
□被文案吸引　　□喜歡封面設計　　□親友推薦　　□喜歡作者
□網站介紹　　□其他_____

●您認為什麼因素會影響您購買書籍的慾望？
□價格，並且合理定價是　　　　　　□內容文字有足夠吸引力
□作者的知名度　　□是否為暢銷書籍　　□封面設計、插、漫畫

●請寫下您對編輯部的期望及建議：

★請沿此線剪下傳真、掃描或寄回，謝謝您寶貴的建議！

廣 告 回 信
基隆郵局登記證
基隆廣字第200132號

2 2 1 0 3
新北市汐止區大同路三段 194 號 9 樓之 1

傳真電話：（02）8647-3660
E-mail：yungjiuh@ms45.hinet.net

培育

文化事業有限公司

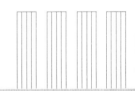

大千世界：403個中國文化面面觀

培養文化育智心靈的好選擇